더 모먼트,
혁신의 변환점

──────────── 일러두기 ────────────

• 원칙적으로 외래어 표기법을 따르되, 일부 외국 기업 및 기관 등은 통상적으로 사용되는 고유명칭을 사용하였습니다.
• 본서의 내용은 저자가 소속되어 있던 기업의 입장이 아닌 개인적인 견해와 경험에 기반한 것임을 밝혀둡니다.

더 모먼트, 혁신의 변환점

초판 1쇄 인쇄일 2023년 2월 3일 • 초판 1쇄 발행일 2023년 2월 15일
지은이 하영욱
펴낸곳 도서출판 예문 • 펴낸이 이주현
등록번호 제307-2009-48호 • 등록일 1995년 3월 22일 • 전화 02-765-2306
팩스 02-765-9306 • 홈페이지 www.yemun.co.kr
주소 서울시 강북구 도봉로37길 28, 3층

ⓒ 하영욱, 2023
ISBN 978-89-5659-461-3 03320

더 모먼트,
혁신의 변환점

T H E   M O M E N T

하영욱 지음

혁신 내비게이터
Innovation Navigator

글로벌 1등 기업 삼성전자가 미국 실리콘밸리를 거점으로
혁신의 길을 찾아가는 과정에서 활약해 온
'본사와 글로벌 현지 리더들 간 소통의 가교자'

글로벌 네트워크 간 소통이 더욱 강조되는 미래에는,

CEO Chief of Executive Officer 최고경영자

CTO Chief of Technology Officer 최고기술책임자

COO Chief of Operation Officer 최고운영책임자

CFO Chief of Finance Officer 최고재무책임자

CHO Chief of Human Resources Officer 최고인사책임자

CMO Chief of Marketing Officer 최고마케팅책임자

CIO Chief of Information Officer 최고정보관리책임자

......

CNO Chief of Navigator Officer

최고소통책임자가 필요하다!

혁신의 첫걸음
그리고 준비

미래는 준비된 시간만큼에 비례한다.
10년의 미래를 위해 필요한 시간 = 10년

1989년, 삼성에 입사하여 반도체 사업부에서 일하게 되었습니다. 회사가 반도체 사업을 시작한 지 15년 된 시점으로, 적극적인 투자와 국내외 우수 인력을 영입하여 기술개발을 본격적으로 추진했던 때였습니다. 삼성전자에 입사 지원한 이공계 전공의 많은 인력들이 반도체 사업부에 배치되었습니다. 제가 처음 일하게 된 부서는 차세대 256메가 디램DRAM 연구팀이었습니다. 2년 정도 연구원 활동을 한 후 약 20여 년간 기획 업무를 했고, 2015년부터 미국 실리콘밸리에서 혁신Innovation 업무를 맡았습니다.

삼성전자 혁신의 시작이 된 '신경영 선언'

삼성전자에서는 1993년 이건희 회장의 신경영 선언 이후 기업 체질을 전체적으로 바꾸는 혁신 과정이 있었습니다.

"우리는 자만심에 눈이 가려져 위기를 진정 위기라고 생각하지 않는다. 자기 자신의 못난 점을 알지 못하고 있다. 이대로 가다간 망할지도 모른다는 위기를 온몸으로 느끼고 있다. 내가 등허리에 식은땀이 난다."

삼성이라는 대기업에 취업하여 온 가족이 기뻐한 것은 물론이고 나 자신이 자부심을 갖고 열심히 일한 지 4년 된 시점이었습니다. 당시 회사 최고경영자의 이 말씀을 듣자 '회사에 뭔가 큰 변화가 있겠구나' 하는 생각이 들었습니다.

그 이후 신경영 선언에 맞추어 혁신적인 변화가 시작이 되었습니다. 1997년에 삼성전자 윤종용 부회장이 GE사의 6 시그마 도입을 선언했고, 이는 경영혁신을 가속화하여 제품을 가장 좋게, 가장 싸게, 가장 빠르게 만들어 글로벌 경쟁력을 갖추는 계기가 되었습니다.

임직원 모두 의무적으로 6 시그마 자격증 시험을 치르게 할 정도로 회사 차원에서 혁신을 강조했습니다. 이에 회사 내 팀별로 10% 블랙벨트Blackbelt, 태권도 검정 띠에 해당 자격 취득 목표가 주어졌습니다. 저 또한 몇몇 동료와 함께 팀 대표로 자격시험 준비를 위해 합숙 생활을 했고 자격증을 획득했습니다. 팀 복귀 후에는 팀 업무의 개선점을 찾고, 혁신 사례를 발표하여 우림 팀이 혁신 성과에 대한 포상을 받았던 행복한 순간이 기억납니다. 그리고 현재는 혁신이 일상화되어 있습니다. 2018년 권오현 부회장이 출간한 책《초격차》에도 혁신의 4가지 핵심, 즉 '리더·조직·전략·인재'를 통해서 생존할 수 있었단 사실이 언급됩니다. 이러한 혁신은 지금도 그치지 않고 있으며, 끊임없는 변신을 준비하고 있습니다.

반도체 기술혁신의 진화Evolution 와 변혁Revolution

삼성전자는 기술혁신을 통해 1992년 반도체 디램 부문 세계 1위에 올랐고, 2002년 플래시 메모리 세계 1위가 되었습니다. 그리하여 기존 업계의 강자 기업들을 제치고 2위 기업들과 사업 격차를 벌리며 경쟁력을 유지해 왔습니다.

1위 기업이 되기 전에는 선두 기업을 벤치마킹하면서 사업 계획을 만들었는데, 정작 1위 기업이 되면서부터는 기술 및 제품의 세계 표준화 협회 등을 통해 반도체 생태계에 있는 기업·기관들과 협의하면서 새로운 길을 개척해 나가야 했습니다.

이 과정에서 삼성전자는 진화와 변혁을 거쳤습니다. '진화'는 삼성전자 반도체가 1위를 유지Sustainability하기 위해 3~5년 기술개발 계획을 만들고 빠르게 목표를 달성하는 것을 뜻합니다. 한편 '변혁'은 새로운 발명과 발견을 의미하는 것입니다. 예를 들면, 진화는 5나노·3나노 기술을 대만 TSMC보다 빨리 개발하는 것이고, 변혁은 기존의 전자공학 측면에서 기술 개발이 이루어진 것에 새로운 물질·재료를 더함으로써 고성능·고효율·고용량을 이루고 제품 경쟁력을 점하는 것입니다.

이처럼 사업 측면에서 시장 확대 및 수익성을 고려한 진화 전략이 있었다면, 미래 준비를 위하여 '신수종Seed 사업'을 지속적으로 발굴하는 변혁 전략 측면에서는 기술적인 혁신, 즉 게임체인저Game Changer가 무엇이 될지를 찾아내는 노력을 끊임없이 해야 했습니다.

전자 세트 제품과 반도체 부품 간의 시너지 전략

지난 10여 년간 고성능 컴퓨팅을 통해 눈에 띄는 기술발전이 이뤄졌습니다. 예를 들면, 인공지능·사물인터넷·5세대 통신 등이 데이터 센터와 모바일 기기의 변혁Revolution을 일으키고 있습니다. 기업들은 모바일 앱과 인터넷을 통해 제품을 개발하고 서비스 사업을 영위함으로써 결국 고객의 데이터가 쌓여 기업가치가 더욱 상승하는 형태로 생태계가 변하고 있습니다. 특히 데이터 센터 기업의 성장이 눈에 띕니다.

반도체 기업 입장에서는 과거 PC 시대에서 모바일 시대로의 이행으로 사업기회가 확대되었습니다. 이런 와중에 데이터 센터 기업들의 등장은 반가운 일이지만, 기술혁신을 위해서는 시스템 아키텍처에 대한 전문성이 전보다 더 요구되고 있습니다. 즉, 소프트웨어, 시스템 솔루션 능력이 더욱 필요해졌습니다.

이러한 시대적 요구에 발맞춰, 기획팀에서 기술기획 그룹장을 맡았을 당시 저는 반도체·세트 사업부 간 '시너지Synergy 회의'를 통해 기술적인 협력사항을 찾아보고자 했습니다. 그 중 하나로, 반도체의 소프트웨어 인력 육성 필요에 따라 전사 차원의 소프트웨어 인력 확보를 본격적으로 추진했습니다. 이에 '소프트웨어 인력 1만 명 육성' 목표를 세워 추진했습니다. 반도체는 칩 하드웨어 인력 중심으로 사업을 했는데, 소프트웨어 인력이 시너지 효과를 내어 사업이 더욱 성과를 냈습니다.

모바일과 데이터 센터의 '기술 지능지수Tech. IQ'를 키우자

2011년에는 미래전략실 기술혁신TF 파견을 마치고 반도체 부문에 복귀했습니다. 복귀 직후, 반도체에 시스템 지능지수를 높이기 위해서 상품 기획팀장 부사장과 함께 기술전략팀을 만들고, 초기에 팀을 구성하면서부터 사업부의 우수한 인력을 선발하고자 했습니다. 그러나 각 해당 부서장들의 반대는 극심했습니다. 어렵게 만들어진 후보자들과의 인터뷰 자리에서도, 팀 비전을 설명하고 파견 나가서 같이 일해 보자고 요청하기란 쉬운 일이 아니었습니다.

그렇게 몇 개월이 지나서야 겨우 서너 명의 인력이 팀에 합류했고, 그 후 1년여의 시간이 지나고 나서야 10여 명의 팀이 구성되었습니다. 반도체 전문가들이 휴대폰, 네트워크 서버 시스템을 학습하고 이를 통해 앞으로 반도체에 필요한 기술적 준비가 무엇인지를 찾아가기까지 시간이 많이 필요해 보였습니다. 그 첫걸음으로, 우선 삼성전자 내 전문가들끼리 모여서 서로의 기술적인 지식을 협의하여 시스템과 반도체 지식 능력을 키워 나갔습니다. 이와 더불어 메모리, 시스템 반도체비메모리, 디스플레이, LED, 소프트웨어 전문 분야별 시장 및 업계 분석을 하면서 미국과 유럽으로 스타트업 투자 업체를 찾아다니기도 했습니다. 팀원들은 해외 기업 투자를 위해서 시차로 인해 밤늦게까지 일하고 오전 내내 회의자료를 만들어야 하는 힘든 시간을 보냈습니다.

반도체 전문가들이 학습을 통해서 시스템을 이해하는 것은 가능했으나, 실제로 그 산업에서 일해 본 경험이 없기에 기술적인 영역을 넓혀가는 것은 쉽지 않았습니다. 결국 시스템 전문가를 채용해야 하는 상황이 되었습니다.

실리콘밸리에 만들어진 삼성전자 '반도체 혁신팀'

반도체 주요 고객인 애플, 구글, 마이크로소프트, 아마존 등의 본사는 미국 서부에 위치하고 있습니다. 그리고 미국 서부의 작은 도시, 산타클라라의 실리콘밸리에서는 기술혁신을 위한 투자가 활발하게 이루어지고 있어서 고급 기술 정보가 많습니다. 우리는 마침내 고객 가까이에서 기술의 혁신 변화를 감지하고, 전략도 만들고, 투자 등을 통해서 시스템 기술 변화를 배워 나가기로 결정했습니다.

그리하여 이 시기에 미국 현지에서 반도체 혁신팀을 이끌어 갈 리더사장급 영입을 검토하게 되었습니다. 수많은 인터뷰를 통해 현지인이면서 영어와 한국어가 능통하고 현지 경험과 사업 성공 신화를 이루어 낸 사장급 핵심 인력을 영입하게 되었습니다. 실리콘밸리에서 '혁신팀'을 만드는 초기에 시스템 경험이 있는 우수한 인력을 뽑기란 쉬운 일이 아닙니다. 그럼에도 불구하고 현지 경험과 명성이 있는 사장은 빠르게 전문인력을 확보하고 팀을 구성해 나갔습니다. 미국에서 경험과 인맥이 얼마나 중요한 요소인지 다시금 생각하게 되는 순간이었습니다.

나중에 최고경영자가 미국에 방문해 혁신팀 리더들과 미팅하며 이런 질문을 했습니다. "여기에 있는 스토리지 시스템 전문가의 경력이 얼마나 되나요?" 혁신 리더는 회의에 참석한 스토리지 시스템 분야 4명의 경험을 합해 보면 "총 100년 이상일 것 같습니다"라고 답했습니다. 이렇듯이 반도체 혁신팀은 짧은 기간 동안 최고의 전문가들을 확보하여 빠르게 일을 해 나갔습니다. 이것이 실리콘밸리에 미래 준비를 위한 '반도체 혁신팀'이 만들어진 중요한 이유입니다. 이 전문가들을 통해서 현지 네트워크를 활용한 질 좋은 정보를 얻고 수시로 이 분야의 전문가들과 미팅하며, 벤처캐피털vc이 지원하는 기업들의 투자 포트폴리오를 통해서 그들이 무엇을 연구하는지 알 수 있었습니다.

한편, 실리콘밸리의 일하는 방식은 현지 네트워크를 통해서 자유롭게 정보를 교류하며 이를 바탕으로 진행하는 형태로, 본사의 방식과는 사뭇 달랐습니다. 아니나 다를까, 본사에서는 회사의 주요한 기술 정보가 경쟁사 등에 전달되는 것은 아닐지 걱정이 많았습니다. 당시 본사에서 업무를 처리하기 위해서는 정보 관리 부서의 승인 하에 관련 사업 담당자의 확인을 거치는 긴 프로세스를 거쳐야 했습니다. 그러나 미국 현지에서는 빠른 일 처리가 필수였고, 이로 인해 의사 결정 시기를 놓치는 등 여러 문제가 발생했습니다.

당시는 혁신팀 초기였기에 이를 해결하기 위하여 협의가 많이 요구되었습니다. 새로운 프로세스를 만들고, 운영 시스템을 안정화하는 등의 역할을 할 책임 자임원급 파견이 필요해졌습니다.

지난 10년의 혁신 내비게이터 역할

2015년, 미국에서 연구개발 및 혁신 운영 팀장으로 주재 임원 생활을 시작했습니다. 주재 나오기 전 최고경영진당시 부회장에게 현지에서 어떤 일을 해야 하는지 묻자 '커뮤니케이션 브리지Communication Bridge로서 의사소통을 잘하면 된다' 했습니다. 미국에 도착한 지 얼마 되지 않아 그 말씀의 뜻을 실감할 수 있었습니다. 그곳에서 만난 다국적 기술 엔지니어들, 시스템 운영 지원 인력들의 불만이 생각보다 컸던 것입니다. 특히 일하는 과정에서 시스템 운영의 비효율, 의사결정 지연 및 결과에 대한 설명이 잘 안 되는 등의 문제가 많았습니다. 미국 현지 사장은 제가 하는 일에 대해 처음에는 이해하지 못했으나, 나중에는 한국 본사와 협의하는 과정에서 복잡한 시스템을 잘 알고, 미국과 한국 간의 시차가 있는 데도 불구하고 상황을 잘 파악하여 본사의 의사결정 과정에 도움을 준 데 대해 고마움을 표시했습니다. 한국과 미국 간의 의견이 다른 상황에서 수많은 보고서를 통해 혁신 업무가 잘 진행되도록 일조했다 하여 제게 지어준 별명Nickname이 바로 혁신팀의 '내비게이터Navigator'입니다.

지금 생각해 보면, 글로벌 혁신으로 가는 과정에서 혁신 리더 사장은 많은 일을 계획하고 추진했습니다. 그와 더불어 저는 실리콘밸리에서 근무하면서 글로벌 혁신 로드 트립Road trip을 이어갔습니다. 10년간 9만 시간의 마일리지를 쌓으며 미국과 이스라엘, 유럽 등지의 혁신 현장을 둘러보고, 일할 사람들을 찾아다니는 한편 현지에서 기술 및 투자 전문가들과 네트워크를 만들어 갔습니다.

이를 통해서 혁신 리더와 함께 4개의 반도체 혁신플랫폼 과제를 만들었고, 사업부에 이관까지 했습니다. 글로벌 전략 파트너를 찾아 미래 대응 차원의 협력 제안도 하고 하만Harman 인수 시에는 삼성전자 내 경영진 및 전문가와 함께 기술 실사, 인수 협상, 인수 후 사업 시스템 구축 등을 통해 적기에 인수 및 안정화하는 데에 기여했습니다.

또한, 혁신기술을 찾기 위해서 스타트업 50~60여 개사를 발굴하고 투자하여 관련 사업부에 도움을 주었습니다. 혁신팀 내 200여 명 글로벌 인력과 본사의 지원부서 팀 그리고 경영진이 함께함으로써 '반도체 혁신'이 잘 운영되도록 했고, 지금은 새로운 모습으로 혁신 업무를 추진하고 있습니다.

이 책의 내용은 최고경영자, 혁신 리더, 본사 관련 부서와 함께 혁신팀이 어떻게 일해왔는지를 운영팀장^{혁신 내비게이터}으로서 갈무리한 것입니다. 구체적으로는 혁신 조직의 미션 수립, 혁신팀 거점 확보, 글로벌 파트너십, 실리콘밸리 방식의 소통, 부품 차원의 혁신^{플랫폼} 과제, 자회사 운영, 혁신펀드 등 그간 진행해 온 많은 일들의 과정 전반과 순간순간의 여정을 담고자 했습니다.

이 책에서 공유 드리는 내용들은 본사와의 협의를 통해서 언론에 보도된 바 있습니다. 삼성전자 혁신 조직에서 혁신 리더가 해온 일에 관하여 전체적인 흐름을 이해하시는 데 도움이 될 것으로 생각하고 최근 실리콘밸리의 변화를 토대로 미래에 관심을 갖고 보아야 할 신기술 영역에 대해서 정리했습니다.

2023년 2월
하영욱

혁신의 첫발을
내디디며

이 책을 저술하기 시작했을 때 고민된 것은 실리콘밸리에서의 혁신을 어디서 부터 어떻게 이야기할지였습니다. 그때 눈에 들어온 것이 〈퀸스 갬빗The Queen's Gambit〉이란 드라마입니다.

줄거리는 한 어린 소녀가 체스Chess 챔피언이 되는 과정입니다. 영화를 보면 매 경기 전 머릿속에 수많은 경우의 수를 생각하며 '첫수'를 두기까지, 그 순간의 몰입집중이 강조됩니다. 체스 경기와 룰은 다르지만 한국의 바둑이나 장기와도 유사한 부분입니다. 즉, 시작을 어떻게 하느냐에 따라 그 게임의 승부가 결정되는 것입니다. 저 또한 많은 혁신의 일들을 시작하기에 앞서 가장 집중하고 몰입했던 실리콘밸리에서의 순간Moment을 조명하며, 이 책을 시작하려고 합니다.

지난 10년간 9만 시간의 마일리지를 쌓으며 약 200여 명의 혁신 인력과 함께 했습니다. 그 시작은 이스라엘, 유럽으로 연결된 혁신 대장정Road Trip의 첫발을 내디뎠던 순간입니다. 많은 시행착오를 겪을 것이 뻔하지만, 정해진 길을 걸어가기보다는 불확실한 세상의 새로운 길을 찾아나갈 것을 결심했던 순간이었습니다. 실제로 어려움도 많았지만 미국에 주재원으로 나오지 않았으면 얻지 못했을 많은 배움과 깨달음을 얻었습니다.

 사업적 시각에 따라 이 책에서 말하는 혁신 과정에 대한 의견이 갈릴 수 있으나, 글로벌 혁신에 대한 갈증을 갖고 계신 분들에게는 글로벌 1위 기업이 진행해 온 지난 10년간 혁신 투자의 내용과 그 순간순간들을 들여다볼 기회가 되리라 생각합니다. 다만, 현재 회사에서 지속적으로 전략 추진 중인 내용에 대해서는 가능한 배제하고, 지난 과정 중 배움이 될 만한 사례를 중심으로 작성했음을 밝힙니다.

CONTENTS

위기감에서 시작한 혁신
— 첫걸음 내딛는 순간

PART 01

필연적인 변화, 혁신하라
— 글로벌 혁신의 여정

PART 02

혁신 내비게이터가 가야 할 길
— 2030년 연결의 순간

PART 03

혁신을 멈추지 않기 위하여
— 인내와 끈기의 순간

PART 04

PART   01

위기감에서
시작한 혁신

—

첫걸음 내딛는 순간

2030년을 위한 지난 10년의 준비,
2012년 이후 혁신 내비게이터로
쌓아온 9만 시간의 마일리지,
다양한 국가의 인력 및 파트너들과 함께한
24/7 혁신의 시간 속으로

01

반도체 위기감 속의
미래 준비

내딛는 순간 ①

2008년의 금융위기 이후, 2012년의 결심으로 시작해서
2021년까지 이어진 10년의 혁신 로드를 되돌아보다

:: 주요 내용 ::

반도체 사업의 4번째 위기

비상 계획Contingence Plan

전략적 대안Plan B

　

삼성전자가 반도체 사업을 시작한 지 40여 년이 되었습니다. 그간 세 번 정도 큰 위기가 있었습니다. 1985년 미국·일본의 가격 덤핑저렴한 가격으로 제품 대량 판매으로 인한 사업 위기, 2001~2002년 글로벌 공급 과잉, 2008년 글로벌 금융위기로 인한 반도체 사업 적자가 그것입니다.

반도체 산업은 3~4년에 한 번 주기로 반도체 수요 증가로 사업 기회가 찾아옵니다. 일명 '실리콘 주기Silicon Cycle'입니다.

반도체 사업은 3년 호황·3년 불황 등 주기성을 갖고 있었는데, 돈을 버는 기간만큼 사업의 위기를 겪어야 했습니다. 이런 상황에서 3~4년 후에 투자 회수가 되는 사업을 지속하는 것은 쉽지 않았습니다.

1989년에 입사한 저는 반도체에 두 번째 위기가 오리란 것을 모르고 있었습니다. 그러던 중 2002년 4월, 이건희 회장 주관으로 열린 삼성전자 사장단 회의에서 성장 동력의 위기가 경고되었습니다. 이건희 회장은 다음과 같이 일갈했습니다.

"5년에서 10년 후, 무엇으로 먹고살 것인가를 생각하면 등에서 식은땀이 난다."

변혁을 위한 '신수종新樹種, 미래를 이끌어나가기 위하여 새롭게 육성할 종류(나무)를 뜻함 사업'을 찾지 못했던 것이 가장 큰 이유였습니다. 1992년 이후 10년간 이어진 사업 성장세 덕분에 '절대로 위기는 없다'는 장밋빛 전망이 팽배했고, 위기의식이 없었던 것입니다.

그랬던 두 번째 위기 때와는 달리, 삼성전자 '반도체 사업 적자 약 9천억 원'이란 세 번째 상황 당시는 회사뿐 아니라 국가적으로도 문제를 인식했습니다. 당시 반도체 경영 책임자였던 이윤우 부회장은 '반도체 사업의 포트폴리오를 원점에서 재구성' 해야 한다고 강조했습니다. 미국의 조사기관 가트너는 2009년 반도체 시장이 전년2008년에 비해 1% 정도 성장에 그칠 것으로 전망하는 등 '반도체 산업 안팎의 위기감 최고치'에 달했습니다.

메모리 반도체는 투자하는 자본에 비해서 더 이상 큰 수익을 기대하기 힘든 데다, 경기 사이클을 예측하기는 더 어려운 상황이었습니다. 그리고 무엇보다 새로운 반도체 수요를 견인할 정보통신IT 신제품도 수년째 나오고 있지 않았습니다. 그 당시 각국의 대표기업들만이 사업을 진행했는데, 미국 마이크론·독일 키몬다·일본 엘피다·대만 난야 등은 탄탄한 자금력과 기술력을 통해서 어려운 시기를 버티고 있었습니다.

이런 상황에서 2008년 이윤우 부회장은 "비록 현재 시황이 많이 어렵지만 움츠러들지 말고 시장을 선점을 할 수 있도록 창조적 혁신을 더욱 가속화하자"라고 독려했습니다. 미래 대비를 소홀히 하지 말고 선택과 집중을 통해 차세대 신기술과 신수종 사업을 차질 없이 발굴하고 육성함으로써 위기를 기회로 만들어 보자는 것이었습니다.

그리고 시간이 흘러 2011년 7월, 반도체 부문 대표이사는 '반도체 사업의 4번째 위기'를 준비해야 한다고 강조했습니다. 사업의 수익성보다는 성장성을 고려해야 한다는 것입니다. 모바일, 스토리지 시스템 시장의 패러다임 변화에 대비하여 사전 준비가 필요하다는 의미였습니다.

미래에 대비하는 비상 경영 계획

이처럼 지난 세 번의 반도체 사업의 위기 상황에서 시기별로 구체적인 대응 방식은 달랐으나, 본질은 같았습니다. 즉, '비상 경영Contingency' 체제의 초긴장 상태에서 선택과 집중을 통해 위기를 극복해 온 것입니다.

세 번째 위기 당시, 반도체 메모리 적자 사업은 심각한 상황이었기에 회사 입장에서 공격적인 구조조정을 했습니다. 부실 사업을 정리하고, 뼈를 깎는 원가 절감, 그리고 인력 감축이 이뤄졌습니다. 인력 감축 기준을 부서별로 할당했고, 저 또한 부서장과 면담했던 기억이 있습니다. 절대로 다시는 일어나면 안 되는 일이었습니다.

위기 상황을 다시 경험하고 싶지 않다면 사업 체력을 잘 길러야 합니다. 그러기 위해서는 위기 상황을 겪은 후, 이를 통해 학습한 것lesson이 무엇인지 생각해야 합니다. 이전 위기에서 배운 것은 '반도체 기술혁신, 신수종 사업 발굴, 그리고 시장과 고객이 요구하는 맞춤형 제품 및 기술 개발'이 필요하다는 사실이었습니다.

오늘날은 모바일, 데이터 센터 시장과 자율주행차 업체가 요구하는 반도체 기술과 제품이 요구되고 있습니다. 미국, 유럽, 중국 등 시장이 있는 곳에서 직접 변화를 확인하고 사전에 대응할 수 있어야 합니다. 그에 따라 '네 번째 위기는 시장과 고객의 변화에 대응하지 못하고, 고객 요구에 의존하는 노예Slavery 계약에 묶여 꼼짝 못 하는 상황이 될 수 있다'는 인식을 가지고 다음 위기를 준비해야 했습니다.

사업의 위기 대응을 위해 기본적으로는 적기 투자, 선행 기술 개발, 생산 혁신, 영업 확대 등을 통한 경쟁사 대비 우위 전략을 취했습니다. 그리고 반도체 주요 고객이 있는 실리콘밸리를 중심으로 혁신Innovation 팀을 만들어 '위기 대응 차원의 대책Plan B'을 같이 검토하기로 했습니다.

실리콘밸리의 패스 파인더, 삼성 이노베이션 & 전략 센터

2012년에는 실리콘밸리에 혁신 전략 센터를 설립해 정보통신IT, 바이오, 자율주행차 등 주요 응용처별 변화에 발맞춰 글로벌 파트너들과 함께 개발하고, 스타트업 투자 등을 통한 혁신기술 확보를 본격적으로 추진했습니다.

또한 실리콘밸리의 성공 핵심 인자를 확인하고, 그에 따라 혁신 리더사장급를 영입하고, 글로벌 혁신 거점을 확보했습니다. 이처럼 최고경영진CEO의 미래 준비 관련 미션을 목표로 하여 빠른 의사결정 체제를 운영했습니다.

02

실리콘밸리의
성공 핵심 인자

내딛는 순간 2

데이터 시대를 준비하는 글로벌 기업의
4대 핵심 성공요인을 찾아서

:: 주요 내용 ::

혁신 능력과 신뢰성을 갖춘 리더의 품격,
실리콘밸리의 혁신 유전자,
기업가 정신을 장려하는 투자, 우수 인력 유지

실리콘밸리에 자리한 혁신 스타트업의 성공률은 1% 정도이지만, 그 성공이 생태계를 변화시키는 힘은 엄청납니다. '천재 1명이 10만 명을 먹여 살린다'는 것은 초일류 삼성을 키운 인재경영의 철학이기도 합니다. 이를 현실로 보여주는 곳이 바로 실리콘밸리입니다.

성공적인 혁신을 위하여 우리는 가장 핵심적인 요소의 필요충분조건을 찾는 것부터 시작했습니다.

실리콘밸리의 성공을 만들어온 핵심 인자

- '혁신 능력 + 신뢰성'을 갖춘 개방형 리더

- 실리콘밸리의 '혁신 유전자 전파' 생태계

- 스타트업에 힘이 되는 '벤처투자 지원군'으로서의 이웃

- 경력 가치를 좇는 '엔지니어 블러드Blood'

핵심 인자 ❶ '혁신 능력 + 신뢰성'을 갖춘 개방형 리더

혁신의 대표적인 리더아이콘를 꼽으라고 하면 많은 사람들이 애플의 스티브 잡스를 가장 먼저 떠올릴 것입니다. 그가 세상을 떠난 후에도 실리콘밸리에서는 많은 혁신 리더들이 그 뒤를 잇고 있습니다. 테슬라의 일론 머스크, 아마존의 제프 베조스 등이 대표적입니다. 모두가 기발한 아이디어를 바탕으로, 혁신적 사고와 추진력을 통해 미래를 만들어가고 있습니다. 실리콘밸리의 혁신 리더들이 선보이는 새로운 가치와 상품제품과 서비스에 관하여 기대하는 사람들이 많습니다. 또한 투자자들은 기꺼이 혁신의 가치를 인정하고 이들에게 투자를 아끼지 않고 있습니다. 한마디로, 생태계 혁신 능력에다 신뢰 능력까지 보유한 개방형 리더십이 대세라 할 것입니다.

기존의 기업 성공 방정식은 '경쟁에서 승리해야 생존할 수 있다'는 것이었습니다. 이 같은 독자 생존Closed Platform을 추구하는 대표적인 기업이 애플입니다. 충

성도 있는 고객과 소프트웨어 및 서비스 능력을 갖추고 사업을 잘하고 있습니다. 그러나 최근에는 공동 생존Open Platform을 추구하는 기업들이 늘어나고 있으며, 앞으로 기업 생존 방정식 또한 이들이 성공하는 시대로 바뀌어 갈 것으로 보입니다.

대부분의 소프트웨어, 솔루션 기업들이 클라우드 환경에서 개방형 데이터를 관리하는 기술을 개발하고 있습니다. 이런 변화에 따라 혁신 리더들의 리더십도 변경되는 중입니다.

이러한 트렌드 속에서 혁신 리더의 아이콘으로 떠오른 인물이 있습니다. 마이크로소프트사의 3대 CEO인 사티아 나델라Satya Narayana Nadella입니다. 한때 성장 한계에 봉착한 것으로 여겨졌던 마이크로소프트를 세계 1위의 클라우드 서비스 기업으로 변모시키며 세계 선두 기업으로서의 자리를 공고히 한 그는, 실리콘밸리에서 초청 강연을 가장 많이 요청받는 사람 중 하나입니다. 자신의 경영 전략을 담은 《히트 리프레시Hit Refresh》라는 저서를 출간하기도 했습니다. 저 또한 2017년에 우연한 기회로 마운틴 뷰Mountain View, 실리콘밸리에 위치한 도시로 구글 등 여러 글로벌 기업들의 본사가 위치하는 곳에 있는 삼성 오피스에서 사티아 나델라를 직접 만날 행운이 있었습니다.

삼성전자 경영진과 사티아와의 미팅은 여러 가지 주제에 대해서 자연스럽게 대화하는 방식으로 이뤄졌습니다. 참석자들의 궁금증을 하나하나 풀어가는 식인데, 실리콘밸리에서는 벽난로 대화Fireside Chat이라 불리는 매우 일반적인 형식입니다. 약 2~3시간 정도의 짧은 행사였지만 인도에서의 성장기, 그리고 미국에 이민 와서 겪은 실리콘밸리의 기술혁신, 이를 통해 1992년 마이크로소프트에 입사하여 2014년 최고경영자CEO가 되는 과정에서 위기에 처한 회사를 살려낸 혁신 과정 내용을 상세히 설명해 주었습니다. 구체적으로는 인도에서 인기 있는 스포츠 중 하나인 크리켓에서 배운 리더십의 원칙, 공감 능력을 통한 빠른 결정, 실리콘밸리에서의 기업 경험을 토대로 얻은 교훈, 즉 고객사용자 개개인에 특화된 서비스 변화가 미래에 중요하다는 요지의 이야기 등이 기억납니다.

그는 "앞으로 마이크로소프트의 비전은 개방과 클라우드Cloud 퍼스트"라며, 혼자서 살아남는 전략으로는 더 이상 생존이 어렵다고 강조했습니다. 그리고 위기 상황에 직면했던 경험을 들며 "두려움에서 벗어났을 때 찾아온 적과의 동침"이 필요하다고 말했습니다.

"문제의식은 누구나 가질 수 있지만 긍정성을 통해 해결하고, 파트너와 공동으로 노력해 나가는 것이 중요하다고 생각합니다."

적과의 동침을 실현한 사티아 나델라의 파격 행보 중 하나는 '레드햇 서밋 2019'를 찾아 레드햇의 CEO인 짐 화이트 허스트를 만났던 것입니다. 레드햇은 세계에서 가장 인기 있는 리눅스 배포판을 만드는 회사입니다. 그런 레드햇과 윈도우 제작사인 마이크로소프트 수장의 만남이라니, 몇 년 전까지만 해도 상상도 못했던 일이었습니다. 그는 이 만남의 의의를 이렇게 설명했습니다.

"리눅스Linux와 윈도우Windows를 대표하는 기업이 한 자리에서 모여 클라우드 회사의 모습으로 변신하는 순간이었습니다."

또한 기업의 신뢰성은 기술에 있으며, 그 기술은 기업의 책임이라고 강조했습니다.

사티아 나델라는 2014년 마이크로소프트사의 위기 구원 투수로서 최고경영진이 되었고, 이때 과거 PC 시절에 머물러 있던 폐쇄적인 기업을 완전히 변혁시 컸습니다. 지금은 모바일과 클라우드에 모든 역량을 집중하고 있다고 합니다. 그 같은 혁신의 중요한 토대는 '개방성 혁신을 통한 기업 재창출'에 대한 믿음이라고 그는 강조했습니다.

혁신 조직의 리더는 경영 능력과 개방성이 중요

사티아는 개인적인 가정사에 대해서도 털어놓으며, 장애를 가진 아들 자인Zain을 키우면서 힘든 일도 많았지만 배운 것이 크다고 했습니다. 소중한 가족이 겪고 있는 어려움을 통해서 나와 같지 않은 사람을 이해하게 되었고, 이를 통해 기업을 운영하는 데 있어서도 상대방, 즉 파트너와 협력자의 입장에서 이해하는 것이 중요함을 알게 되었다는 것입니다. 진실성이 느껴지는 대목입니다. 실제로 마이크로소프트 사는 협력을 통해 새로운 가치를 만들어 나가는 행보를 보여주고 있습니다. 많은 실리콘밸리의 리더들 중에서 사티아가 더욱 존경받는 이유가 이것입니다.

리더가 누구이며 어떤 사람인가가 이처럼 중요합니다.

저의 경험상으로도, 혁신 조직을 만드는 과정에서 리더를 누구로 할지 정하는 일이 지난 10년의 혁신 업무에 70~80% 이상의 영향을 미쳤습니다. 실리콘밸리의 성공적인 인물 중 가운데 이곳에서 오랜 사업적 경험을 가지고 있으며, 그렇게 쌓인 신뢰를 기반으로 리더십을 갖춘 사람이 적임자이리라 판단했습니다. 그리고 삼성전자의 혁신 방향을 '개방형 글로벌 리더가 되기 위한 과정으로 보고, 이를 위하여 준비를 시작했습니다.

핵심 인자 ❷ 실리콘밸리의 '혁신 유전자 전파' 생태계

실리콘밸리에 와서 좀 놀란 것 중 하나가 '마피아 기업'이라는 표현을 사용하는 것입니다. 마피아라는 단어만 들으면 우리가 흔히 보는 영화 속 이탈리아의 신디케이트형 범죄 조직이 연상되는데, 그것은 아닙니다. 이는 실리콘밸리 식의 표현으로 '혁신을 통하여 생태계를 만드는 것'을 의미합니다. 성공한 기업 출신의 엔지니어와 경영자가 새롭게 창업해서 그 생태계일종의 파워그룹를 더 강하게 만들어가는 모습을 두고 '마피아'에 비유한 것입니다. 이는 혁신의 아이콘이라 할수 있는 일론 머스크와도 관련성이 있습니다. 흔히 실리콘밸리에는 2개의 마피아 조직긍정적 의미이 있다고 하는데, 그 하나가 페이팔 마피아이고 또 하나가 테슬라 마피아입니다. 잘 알려져 있다시피 머스크는 페이팔의 공동 CEO였고, 테슬라의 창업자이자 현 CEO입니다. 머스크를 비롯한 두 회사의 출신들은 서로 회사를 차릴 때 조직적으로 도와주고 이끌어줍니다.

두 마피아 조직의 공통점은 창업 유전자DNA를 갖고 있다는 것입니다. 페이팔 마피아는 온라인 지불 결제 회사 페이팔 홀딩스를 만들어 일부 지분을 2002년 이베이에 15억 달러약 1조 6천억 원에 매각했는데, 이후 페이팔 창업 멤버들은 각기 투자자나 최고경영자CEO로서 활발하게 활동하고 있습니다. 예를 들면, 유튜브 공동 창업자인 스티브 첸과 채드 헐리, 링크드인 창업자 리드 호프만 등이 있습니다. 한 번은 혁신 리더 사장이 리드 호프만Reid Hoffman을 실리콘밸리 리더 미팅일명 CEO 서밋에 초대하여 혁신에 대한 이야기를 나눌 기회를 마련했습니다. 그 자리에서 호프만은 "미래에 적응하기 위해서는 자신에게 투자하고 경력을 변화시켜야 한다"라는 내용을 강조하며, 이를 통해서 페이팔 보드 멤버이자 링크드인 최고경영자가 되기까지의 과정을 설명했습니다.

한편, 테슬라 마피아는 주로 자동차 관련 분야에서 창업을 진행 중입니다. 예를 들면, 전기차 스타트업 루시드 모터스 등 59개 스타트업의 창업자가 테슬라 출신입니다. 실로 인적 시스템의 중요성이 강조될 만합니다.

'연결을 유지하고, 핵심 자원을 공유하며, 높은 퀄리티를 내라. Stay connected, share core resources, make high quality.' 이것이 실리콘밸리의 마피아 생태계의 룰이자, 그들이 공유하는 성공 인자입니다.

네트워크를 통해 성공 유전인자가 있는 인력을 채용

기업가 정신으로 무장한 기업들은 성공 신화를 쓴 후에도 여전히 스타트업 정신의 뿌리가 되어주고 있습니다. 테슬라를 떠나 창업한 한국인 기술자에게 왜 회사를 그만두고 어려운 창업의 길을 선택했는지 묻자 그는 이렇게 답했습니다.

"테슬라의 기업 모토Motto는 혁신입니다. 혁신을 중요하게 생각하는 회사에서 일하며 일종의 혁신 DNA를 이식받은 것 같습니다. 좋은 회사를 왜 그만두려 하냐며 가족들의 반대에 부딪힌 것은 사실입니다. 그러나 창업을 통해서 새로운 성공을 만드는 것이 실리콘밸리 식의 문화이고, 성공할 수 있다는 믿음이 더 컸습니다."

물론 실리콘밸리에 페이팔, 테슬라 출신만 있는 것은 아닙니다. 애플, 구글, 인텔 등 내로라하는 글로벌 일류 기업 출신들이 많습니다. 이들 회사도 핵심 가치는 우수한 엔지니어, 그리고 창업 정신입니다.

삼성전자 혁신 조직 또한 이들의 창업정신, 즉 '성공 유전인자'를 물려받아 성공적으로 운영하고자 했습니다.

본사에서는 새로운 사업 기획을 해야 할 경우, 일반적으로 회사 내에 테스크포스Task Force팀을 만들어 운영합니다. 향후 담당할 부서의 전문인력은 100% 해당 분야의 전문가가 아니더라도 유사성이 있어야 합니다. 예를 들면, 반도체 신사업과 관련해서는 전자전기 공학 박사이면서 기획력이 있으면 좋은 식입니다.

그러나 실리콘밸리에서는 팀을 만드는 과정부터 다릅니다. 무슨 일을 할지 정하고 그 전문가를 직접 채용해서 일합니다. 혁신플랫폼 과제 진행 시에 그 분야의 전문가 팀장을 중심으로 팀을 구성하고 일하는 형식입니다.

핵심 인자 ❸ 스타트업에 힘이 되는 '벤처투자 지원군' 이웃

뉴욕의 월스트리트가 상장을 통해 기업가치를 높여준다면, 실리콘밸리의 모태라 할 수 있는 샌드 힐 로드Sand Hill Road, 실리콘밸리의 심장이라 할 멘로파크와 팔로 알토 사이를 가로지르는 도로는 스타트업 기업의 생명줄인 기술 개발을 위한 자금 지원, 멘토 지원 등을 통해 성공 기업을 만들어 내고 있습니다. 1972년 클라이너 퍼킨스와 세콰이어 캐피털, 두 벤처캐피털vc이 들어선 이래 벤처 투자 메카가 된 샌드 힐 로드는 정보통신 기업을 500개 이상2020년 조사 기준 키워낸 '실리콘밸리 성공 창업의 산실'이라 할 수 있습니다.

1960년대 실리콘밸리의 혁신적인 기업 중 하나였던 페어차일드 반도체는 처음으로 상업용 집적회로를 만든 회사입니다. 창업자인 윌리엄 쇼클리와 함께 페어차일드 반도체를 만든 공학자들 가운데 8명이 쇼클리를 떠나 새로운 회사를 창립하는데, 소위 '8인의 배신자'로 알려진 이들이 만든 벤처캐피털 회사가 바로 클라이너 퍼킨스Kleiner Perkins입니다. 8인 중 유진 클라이너와 톰 퍼킨스의 이름을 따 1972년 창립한 클라이너 퍼킨스는 이후 실리콘밸리 투자 역사를 쓰게 됩니다. 같은 해, 마찬가지로 페어차일드의 간부였던 돈 밸런타인 또한 세콰이어 캐피털Sequoia Capital을 창업합니다.

두 회사를 중심으로 수많은 벤처캐피털들이 생겨났고, 이들의 창업 지원을 통해 오늘날 우리가 아는 성공 신화들이 탄생했습니다. 매년 실리콘밸리에서 창업되는 수천 개 스타트업들의 성공확률은 1%가 안 됩니다버클리대 창업 센터 자료. 엄청난 양의 아이디어가 끊임없이 등장하고 기술적 검증을 통해서 성공으로 가는 과정을 거칩니다. 이는 벤처캐피털의 역할이 없었으면 불가능했을 것입니다. 즉, 수천 개의 벤처캐피털이 '혁신의 큰 버팀목' 역할을 해주고 있습니다.

미국 서부에는 정보통신 분야의 우수한 인재를 육성해 내는 대학이 있습니다. 스탠퍼드, 버클리 출신의 인재들은 그들의 기발한 아이디어를 기술로 구현하는 젊은 기업가 정신을 기반으로 창업에 도전합니다. 이들의 창업 아이디어를 지원하는 벤처캐피털이 있어서, 실리콘밸리가 발전하고 창업 정신의 모태가 되고 있습니다.

제2의 골드 러시가 올 것으로 기대

최근 팬데믹과 러시아··우크라이나 전쟁 등으로 글로벌 환경이 예측하기 어려운 상황에서 경제 회복이 늦어지고 있습니다. 이 영향으로 투자 상황도 좋지는 않습니다. 그러나 새로운 경제 회복 모멘텀을 찾고자 하는 각국 정부의 노력, 그리고 기업들의 기술혁신을 통해서 투자 기회는 결국에 확대될 것입니다.

이러한 가운데 스타트업들의 기술혁신은 지속되고 있습니다. 1% 성공의 가능성을 발굴해내는 기술혁신 전문가와 이를 지원하는 벤처캐피털은 실리콘밸리에 제2의 골드 러시를 만들 밑거름이 되고 있습니다. 새로운 메타버스 세상에서의 기회를 위해 준비하는 스타트업들, 그리고 샌드 힐 로드에 위치한 벤처캐피털 투자 파트너들은 그들의 생태계를 더욱 견고하게 만들어 갈 것입니다.

이런 특징들을 고려하여 반도체 혁신 조직은 스탠퍼드 대학, 샌드 힐 로드의 벤처캐피털을 이웃으로 하는 지역을 초기 거점으로 결정했고 이곳이 혁신의 출발점이 될 최적의 장소라 생각했습니다.

핵심 인자 ❹ 경력 가치를 좇는 '엔지니어 블러드'

실리콘밸리의 엔지니어들은 경력 개발을 통하여 어떻게 개개인의 비전을 만들어 가고 있을까요?

미국에 온 후, 연구개발 및 혁신팀 운영을 지원하는 일을 하면서 우수한 인력을 채용하는 것과 유지하는 것이 중요한 업무였습니다. 어떤 인력을 채용하느냐에 따라 일의 성과가 결정된다 해도 과언이 아닙니다. 특히 실리콘밸리는 인건비가 워낙 비싸기로 소문 나 있어서 여러 번의 인터뷰 과정을 통해서 채용할 수밖에 없습니다.

한국에서는 일반적으로 기업 규모, 성장성 등 고려한 선호도 조사 결과에 따라 입사 여부를 결정합니다. 실리콘밸리의 입사 지원자들이 우선적으로 고려하는 사항들은 다릅니다. 먼저 본인의 경력에 도움이 되어야 하고, 리더가 중요하고, 마지막에 임금과 보상 등에 대해서 협상한 후 최종적으로 채용 여부를 결정하게 됩니다. 실제로 비메모리 사업부의 신사업 분야 개발팀을 구성할 당시, 입사 희망자를 인터뷰하며 '지원 동기가 무엇인지' 물어보니 "팀 리더의 경력과 명성이 있어서 일을 배우고자 입사 지원한다"라는 답을 들었습니다. 그때 '아! 임금 및 보상이 다가 아니구나' 생각했습니다. 실리콘밸리의 인재들에게는 금전적인 보수보다는 자기 경력 개발이 더 중요한 지원 동기인 것입니다.

실리콘밸리는 소프트웨어 산업 기반이 잘 구축되어 있어서 우수한 인력들의 이직률이 높습니다. 3~4년 정도 경력을 쌓으면 다른 회사로의 이동을 생각합니다.

삼성전자의 1위 사업 분야를 구성하는 인력 대부분은 하드웨어 칩의 소프트웨어 개발을 위한 인력으로, 이동이 자주 일어나지는 않습니다. 그러나 기술 개발 과정에서의 중요한 정보가 오픈된 상태에서 다른 회사로 가는 것은 회사 입장에서는 위험요소로 여겨질 수밖에 없습니다.

높은 이직률에 대한 고민

이곳 실리콘밸리에서 인력을 유지·관리하는 것은 어려운 일이었습니다. 게다가 저는 베이비붐 세대로, 회사를 자주 옮겨 다니는 것을 두고 '조직에 잘 적응을 못해서 그렇다'는 이야기를 듣고 자랐기에 생각이 좀 보수적인 면이 있습니다. 처음에 실리콘밸리의 이직률Turnover rate을 확인했을 때는 놀랍기도 하고 불안하기도 했습니다. 2~3년 삼성이라는 사관학교에서 배운 후 다른 회사로 이직하는 코스를 처음부터 염두에 두고 취업한 것이 아닌가 하는 생각에 화가 나기도 했습니다. 짧게 일하다가 이직하는 직원들을 보면, 남 좋은 일 시켜준 것 같았습니다.

그러나 개인의 비전이 회사의 비전이 되는 '선순환'이 기업의 경쟁력을 만든다는 걸 곧 깨달았습니다. 현지 엔지니어가 저에게 해준 말이 있습니다. "한국에서 삼성전자는 반도체 1위 기업의 위상이 있어서 우수한 인력들이 취업하고자 하는데, 실리콘밸리에서는 기업명이 아니라 회사 비전과 개인 비전이 잘 맞는지가 중요하다"라는 것이었습니다.

일례로, 혁신팀에서 '스토리지 시스템 자회사'를 설립하여 운영하던 중 자회사 CEO가 퇴사 의사를 전달했습니다. 미국 현지 인력들은 퇴직 전에 옮겨갈 회사를 정하는데, 다행히 그런 경우는 아니었습니다. 이에 인사 부서 담당자와 같이 한국 식당에서 식사하며 퇴사 이유를 들어 보니 '본사의 비전 제시 및 의사결정에 대한 불만'이 있었습니다. 이 내용을 본사 경영진에게 전달했고, 어떻게든 퇴직을 만류하라는 요청이 있어서 몇 차례 추가 면담을 통해 해결 방안을 제시했습니다. 결국에는 퇴직에 대한 결정을 바꾸었고, 본사 및 혁신 리더 사장은 '쉽지 않은 일을 잘했다' 했습니다.

조직을 키워 나가는 과정에서 우수한 인력을 유지하는 것은 매우 중요합니다. 당연한 말이지만, 현실에서는 말처럼 쉽지 않은 일입니다.

혁신 조직문화의 아이콘 '넷플릭스'에서 배운 것

실리콘밸리에서 조직문화 측면에서, 최고의 혁신은 넷플릭스가 주도하고 있는 것 같습니다. 본사 경영진들이 실리콘밸리 내에 혁신적인 조직인사 문화를 벤치마킹하고자 할 때 방문 리스트에 꼭 포함되는 곳으로, 넷플릭스를 방문한 대부분이 '초혁신 기업'이라고 평가했습니다. '우수한 인력을 채용하고 관리하는 시스템이 혁신적으로 개방적이며, 효율적으로 운영되는 점이 놀랍고, 배울 것이 많다'는 것이 공통적인 의견이었습니다. 이와 관련해서는 넷플릭스 CEO인 리드 헤이스팅스의 경영철학에 주목해야 합니다.

그가 출간한 책《규칙 없음NO Rules Rules》을 보면 혁신의 중심을 사람에 두고 조직문화를 만들고 있음을 알 수 있습니다. 즉, '인재 밀도를 높여서, 규칙과 규정을 없애고, 상호 시너지를 통해서 성과를 만들어 내는 방식'을 취하고 있습니다. 근무 방식, 비용처리, 휴가 등에 자율 통제권을 부여합니다. 물론 인재 밀도를 높이기 위해 저低성과자는 수시 해고합니다. 자율적인 운영과 동시에 확실한 성과 관리가 이뤄지는, 이른바 '자유와 책임의 문화'가 넷플릭스 인재경영의 핵심인 것입니다.

이를 참고로 혁신 조직의 인력 채용 시, 현 사업에 영향이 없다는 전제 아래에서 규칙과 규정을 줄여 나가며 빠르게 현지에서 결정하는 프로세스를 구축했습니다. 그리고 삼성전자 내 혁신 조직의 미션 및 비전을 설명함으로써 초기에 우수한 인력을 채용할 수 있었습니다. 특히 4개의 혁신플랫폼 과제 추진 과정에서 경험 있는 인력의 역할이 절대적으로 중요했는데, 이들 덕분에 해당 과제 사업부와의 시너지를 통해 성과를 만들어 갈 수 있었습니다.

03

반도체 30여 년의 경험으로 본
혁신 리더의 조건

내딛는 순간 ③

혁신 조직이 필요로 하는
리더의 조건이란

:: 주요 내용 ::

반도체 CEO 경험과 스타트업 성공 경험을 바탕으로
글로벌 벤처캐피털 네트워크 능력을 보유한 인력 영입

삼성전자는 미래의 리더를 육성하기 위해서 '경영 리더와 기술 리더'를 구분합니다. 인사부서에서는 '경력 개발 사다리LADDER' 프로그램을 별도 운영합니다. 경영 리더는 사업적인 능력 및 조직을 키워 나가는 능력이 중요하다면, 기술 리더는 큰 조직을 관리하는 능력보다는 기술 전문성을 높이 인정하는 것으로 내부적으로 기술 마스터Master, 임원급, 펠로우Fellow, 부사장급로 불립니다. 실제로 반도체의 성공은 기술 경영인이 최고책임자가 되었기에 가능했습니다.

그런데 혁신 리더사장급의 주요 할 일은 '전략 투자 및 글로벌 네트워크'를 통해 새로운 사업을 발굴하는 것입니다. 이에 회사 내부에서 육성하기보다는 해외에서 반도체 분야를 경험한 전문가를 영입했습니다.

즉, 실리콘밸리에서 성공한 리더를 영입하여 그로 하여금 반도체 조직문화를 이해하도록 해야 했습니다. 이를 위해 정기적인 경영진 미팅 및 그룹 차원의 정기적인 경영현황 등을 업데이트하면서 본사의 경영진과 혁신 리더의 생각을 잘 맞춰 가는 것이 중요해졌습니다.

혁신을 위한 사전 준비 기간, 1년

새로운 일을 할 때 항상 고민되는 것이 어떤 일을, 어느 정도의 규모로 할 것인가입니다. 이를 결정하기 위해서는 사전 학습이 필요합니다.

반도체 혁신팀을 구성하는 일은 미국에서 혁신 리더를 영입하기 전부터 시작되었습니다. 기술전략팀에서 개발 및 상품기획 경험을 갖춘 부사장급 팀장과 함께 할 일을 정하고, 팀을 만들어 가는 일을 했습니다. 1년의 준비 기간을 거치며 초기부터 빠르게 팀 구성이 되었고, 본사 경영진들과의 협의 채널 또한 잘 구축되었습니다.

당시 무엇보다 중요한 것은 반도체의 기술적 전문성, 사업적인 이해, 해외 경험이 있어 개방적인 사고를 가진 능력 등을 고려하여 부사장급의 팀장을 결정하는 일이었습니다. 조직이 안 만들어진 상태에서 부장급 1명과 함께 새로운 팀을 만들어 운영하라는 새로운 미션이 부사장급의 임원에게 갑자기 주어지는 건 일반적인 상황이 아닙니다. 나중에 개인적인 식사 자리에서 부사장팀장은 그때와 관련해 소회를 털어놓았습니다. '30여 년 직장 생활하면서 부장 1명과 둘이서 팀을 만들어 운영하게 될 줄은 몰랐다, 이제 그만두라는 뜻인가?' 하는 생각마저 들었다고 합니다. 물론, 곧이어 최고경영진의 생각을 이해하게 되었다고 했습니다. 관련 부문장과 협의하는 역할이 중요하며, 조직이 커지면서 업무가 중복되거나 영역 다툼의 소지가 있으므로 최소한의 크기로 시작하게 되었음을 납득한 것입니다.

초기 혁신 조직에 파견된 인재들은 반도체 사업 제품별 기술 및 상품기획 능력을 보유한 전문인력들이었습니다. 이들을 통해 최소한으로 운영되었고, 나중에 글로벌 혁신 인력들과 언어적으로 소통이 가능한 능력자들이 추가적으로 구성되었습니다.

혁신 조직의 큰 밑그림이 그려지자, 이제는 본격적으로 혁신 리더 사장을 채용하기 위해서 경영진들이 직접 미국 출장을 통해서 찾아보고, 인터뷰하는 일을 시작했습니다.

삼고초려를 통한 구루 영입

*구루 Guru : 스승 혹은 인도자

언론을 통해서도 보도된 2002년 삼성 사장단 워크숍의 일화가 있습니다. 이 건희 회장이 인재 제일주의를 강조하며 했던 말씀입니다.

"아무리 생각하고 또 고민해 봐도 좋은 사람을 삼고초려로 모셔와서 그 사람에 우리 조직을 맞춰야 한다."

새로운 일을 할 때에 우수한 전문인력에게 새로운 가치를 만들어 가는 역할을 주고 이를 통해 일을 성공적으로 만들어 나갈 수 있다는 믿음을 강조한 것입니다. 예를 들면 인센티브 측면에서 최고의 대우를 해주어 'CEO보다 더 보수를 주어서라도 핵심인력을 영입'할 것을 주문했습니다.

이런 관점에서, 혁신 조직의 리더로 여러 후보가 거론되었습니다. 그중 한 후보는 반도체 메모리 사업부장과의 오랜 사업적 관계로 이미 검증된 인물이었습니다. 이에 최고경영진이 현지에서 직접 인터뷰하고, 결정을 내렸습니다. 평소 사업적인 관계를 통해서 능력 및 자질인성에 대해 판단하고 있었기에 최적의 후보를 혁신 리더 사장이하 혁신 리더급으로 영입할 수 있었고, 그렇게 조직의 첫 단추가 채워졌습니다.

여담으로 혁신 리더는 삼성과의 오랜 인연에 더하여, '30~40년간 실리콘밸리에서 쌓아온 경험을 바탕으로 모국에서 봉사하는 마음으로 일해 보라'고 조언해 준 부인의 말 한마디가 마음을 정하는 데 도움이 되었다 합니다.

"당신은 한국인이니, 마지막이라 생각하고 한국의 글로벌 기업을 위해서 일하는 것이 올바른 판단인 것 같습니다."

그의 부인은 혁신 리더가 인텔 한국 지사장으로 재직하던 시절에 한국 문화를 처음 접했다고 합니다. 연세대 어학당에서 한국어를 배우고, 아이들과 함께 문화를 익혔던 시기가 있다 보니 한국에서 삼성의 위치, 그리고 후보자의 역할에 의미가 있다고 판단했다는 전언입니다.

삼성전자 100여 명 경영진과의 미팅을 통해 혁신 적기임을 판단

그렇다고 해서 바로 입사를 결심한 것은 아니었습니다. 리더 후보자는 삼성의 변한 모습을 직접 본 후에 최종적으로 결정하기를 요청했습니다. 그리고 사업 현장생산공장 포함 리더와의 만남을 중요하게 생각했는데, 아마도 현장 경영진들의 혁신에 대한 기대를 직접 보고, 듣고자 했던 것 같습니다.

당시 반도체 부문 인사팀 담당임원Shwan의 도움으로 5일간 오리엔테이션 형태의 프로그램 일정안을 계획하고, 관련 부서와 급하게 협의하여 미팅을 준비했습니다. 혁신 리더는 그간 같이 일해 온 스텝 임원급 한 명프란시스 호 박사와 함께 수원·기흥·천안 등 주요 사업장에서 약 100여 명 이상의 경영진과 미팅을 가지며, 변화된 삼성전자 사업장 모습을 직접 경험했습니다. 모든 일정이 다 끝난 후 이메일로 최고경영진에게 감사의 글을 보내면서 그는 '혁신 업무를 어떻게 해나가야 할지 생각하는 중요한 시간이 되었다'고 했습니다.

"5일간의 짧은 기간에 100여 명 경영진과 현장에서 만날 수 있었던 것은 삼성의 엄청난 발전을 직접 볼 큰 기회였습니다. 혁신을 통해 새로운 사업을 준비할 적기라고 판단됩니다."

　적합한 리더를 찾아내는 데서부터 혁신의 과정은 이미 시작된 셈이었습니다. 최고경영진의 결정, 그리고 무엇보다 조직의 미래를 위하여 변화할 준비가 되어 있었기에 가능했던 일이었습니다.

　앞서 언급한 실리콘밸리의 4가지 성공 요인 중 첫 번째, 혁신 능력과 신뢰성을 갖춘 리더가 이렇게 확보되었습니다. 이어서 일하는 거점을 결정하고, 현지 전문 네트워크과의 협력을 통해 일하기 위한 인프라를 만들어 가기 시작했습니다.

04

실리콘밸리 8학군,
샌드 힐 로드

내딛는 순간 4

미국의 벤처 투자의 약 60%가 움직이는 투자의 메카를 가다

:: 주요 내용 ::

혁신 조직의 초기 거점 결정은,
고급 투자정보가 자연스럽게 만들어지는 곳에서 시작

1983년, 삼성전자 반도체 판매법인이 미국 실리콘밸리에 설립되어 현재도 운영 중입니다. 2013년에 새로운 건물을 착공함에 따라 임시로 밀피타스Milpitas, 캘리포니아주 산타클라라에 위치한 소도시로, 실리콘밸리의 일부 지역 3곳의 임대 건물에서 연구개발 및 판매법인 임직원들이 일하게 되었습니다.

미래 혁신 조직의 근무지를 임대 오피스에서 시작하는 것에 대해 고민했습니다. 초기 조직 운영을 위한 현지의 안정적인 지원 시스템 측면에서는 이점이 있으나, 실리콘밸리 지역 내에 혁신 조직의 역할을 알리고 시작한다는 면에서는

걱정되는 점이 없지 않았습니다.

2015년 말경, 신사옥이 완성되었습니다. 이때 혁신 조직도 이전하여 같이 근무하는 것을 고려했으나, 혁신 조직 미션에 맞는 오피스를 찾아보는 것도 좋겠다는 의견이 있었습니다. 당시 삼성전자 휴대폰과 가전 사업부를 담당하는 혁신 조직이 스탠퍼드 대학 근처에 오피스를 확보하여 운영하고 있어 본사를 설득하기에도 용이했습니다.

샌드 힐 로드에서 혁신 리더와의 만남

인사 담당자와 함께 혁신 리더가 상임고문으로 있는 실버 레이크Silver lake 벤처캐피털을 방문했습니다. 산호세와는 좀 다른 분위기의 오피스로, 투자자 미팅을 위해 개인 사무공간이 크고 회의실이 많았습니다.

혁신 리더는 샌드 힐 로드에서 오랜 생활해 온 경험을 바탕으로, 혁신 조직의 초기 거점을 이곳에 두는 장점에 대해 설명했습니다. 요지인즉 조직 구성 시에 우수한 인력 채용이 용이하고, 스탠퍼드 대학을 비롯하여 주변에 연구소와 벤처캐피털vc들이 밀접하게 위치하기 때문에 값진 정보가 많이 모여 있다는 것이었습니다. 그렇게 샌드 힐 로드에 오피스를 임대하기로 하고, 초기 거점 오피스로 '2440 샌드 힐 로드, 멘로 파크Sand Hill Road, Menlo Park'가 결정되었습니다.

판매 법인이 위치한 밀피타스 오피스와 비교했을 때, 멘로 파크의 임대 오피스 비용이 3~4배 정도 높아 본사의 의사결정을 받기가 쉽지는 않았습니다. 당시 본사 보고 과정에서 예산 관리 경영진에게 호된 꾸지람을 들은 기억도 있습니다. 그러나 나중에는 운영 과정에서 왜 샌드 힐 로드로 했어야 했는지, 서로 간 이해가 잘되었습니다.

'샌드 힐 로드' 주소의 명함을 갖고 혁신 도시에서 출발하다

샌드 힐 로드 주소가 적힌 오피스 현판을 하고 난 후 많은 스타트업과의 미팅을 통해 투자를 결정했고, 기술적인 전문의견이 필요할 때마다 교수 및 새로운 사업·제품·기술 관련 전문가들과 수시 미팅을 가졌습니다. 우수 인력 채용 과정에서도 샌프란시스코에 거주하는 인력들이 입사를 지원했고, 실제로 투자 전문 임원과 개발 전문가 등이 팀에 합류했습니다.

매주 월요일에 팀 미팅을 하는데 시장 및 정보통신 업계를 분석한 내용을 공유합니다. 이때 미디어를 통해 이야기되기 전, 팀 미팅에서 알게 되는 중요한 정보가 있으면 주요 내용을 본사 경영진에 전달하고 필요시 전략적 미팅을 하기도 했습니다. 샌드 힐 로드가 '실리콘밸리의 8학군'으로 불리는 데는 다 이유가 있었습니다.

미국 스탠퍼드 대학 근처에는 강남 8학군과 같은 팔로알토 고등학교가 있습니다. 졸업생의 70% 이상이 스탠퍼드, 하버드에 입학하는 것으로 유명합니다.

© Zenstrata(shutterstock)

샌드 힐 로드 : 혁신의 벤처 자본이 모여 있는 비밀의 문으로 들어가는 길

이 학교에 보내기 위해 모여드는 부모들은 미래의 혁신가가 될 자녀를 위해 어려서부터 인적 네트워크를 만들어 주려는 목적도 가지고 있는 듯합니다.

실제로 실리콘밸리를 기반으로 성공한 혁신가들 간의 고급 정보 커뮤니티가 형성되어 있습니다. 한 번은 혁신 사장이 주말에 스티브 잡스의 집에서 모여서 스포츠 경기를 같이 보면서 들은 최근 투자 정보에 대한 이야기를 해주었습니다. 그때 '아, 매일 같이 보고서를 통해서 투자 정보를 분석하는 것과는 다르다'는 생각을 했습니다.

2440 샌드 힐 로드에 위치한 당시 혁신 조직 사무실 건물

실리콘밸리 혁신의 중심, 샌드 힐 로드

앞서도 설명했지만 1972년 2개의 벤처캐피털, 클라이너 퍼킨스와 세쿼이어 캐피털로부터 시작된 실리콘밸리 혁신의 중심이 바로 샌드 힐 로드입니다. 클라이너 퍼킨스는 유진 클라이너와 톰 퍼킨스가 공동 설립한 회사입니다. 두 사람은 페어차일드 반도체와 휴렛패커드 출신으로, 클라이너 퍼킨스는 혁신 스타트업을 위한 거대 네트워크로 작동되고 있습니다.

샌드 힐 벤처캐피털들vc의 자금 지원으로 만들어진 대표적인 기업들로는 마이크로소프트, 페이스북, 트위터, 인스타그램, 스카이프 등이 있습니다. 최근에는 우버, 슬랙, 리프트, 줌, 펠로톤 등도 이들을 통해 만들어진 성공 사례입니다. 이처럼 최상위 규모의 벤처캐피털을 기반으로 IPO기업 공개에 도전하는 경우,

10개 중 8개의 스타트업이 성공할 정도라고 합니다.

- 투자 : 벤처캐피털VC, 사모펀드Private Equity (월스트리트 주식시장)
- 방식 : 시드Seed, 창업 또는 극초기 자금, 얼리 스테이지Early Stage, 미드~레이트 스테이지 Mid_Late Stage (월스트리트 IPO, 주식 거래)

2020년 샌드 힐 로드에 위치한 VC의 주요 투자 분야는 데이터Data, 스토리지Storage, 보안Security, 바이오 테크Bio Tech, 양자 컴퓨팅Quantum Computing, 핀테크Fintech, 애플리케이션Application 중심이었습니다. 2022년 이후는 ESG, 모바일 플랫폼에서 콘텐츠를 활용해 수익을 올리는 경제활동Creator-Economy, 웹3.0Web 3.0에서의 투자 활성화가 예상됩니다.

혁신 조직은 2440 샌드 힐 로드에서 시작했습니다. 샌프란시스코 국제 공항에서 I-280샌프란시스코에서 출발하여 스탠퍼드 대학을 지나 산호세까지 이어지는 도로 남쪽으로 30분 거리였습니다. 드디어 혁신 벤처로 가는 '비밀의 문'을 열고 첫발을 내디딘 것입니다.

05

유럽의 실리콘밸리와
혁신 가속화

내딛는 순간 5

미국을 중심으로 이스라엘, 프랑스, 영국, 독일의
혁신을 연계하다

:: 주요 내용 ::

실리콘밸리로 오는 길을 찾고 있는
유럽, 이스라엘의 혁신 기업, 벤처 집단(클러스터)과의 연결

미국 서부 실리콘밸리에서 시작한 혁신 조직은 유럽, 이스라엘과 함께 혁신 활동을 가속화하고자 했습니다. 이를 위한 시도 중 하나가 '혁신 연결점'을 찾는 것이었습니다.

혁신 조직은 실리콘밸리에서 혁신플랫폼 과제, 전략 및 벤처 투자를 주활동으로 가져가면서 이와 관련된 글로벌 혁신의 중심지인 유럽과 이스라엘에 센싱신기술 정보조사 인력을 채용하여 활동을 강화했습니다.

이스라엘의 반도체 연구개발 거점 내에 기술 센싱 인력을 통해 현지 산업, 연구기관 등 전문가와 네트워크를 만들고, 스타트업 투자 정보를 수시로 업데이트 받았습니다. 이스라엘 스타트업 생태계는 유태인 자본의 힘과 이스라엘 기초과학 기술을 접목한 결과, 미국 실리콘밸리에 투자 로드를 잘 구축해 놓았습니다. 그에 관해서는 국내에도 많이 소개되었는데, 과거 러시아의 기초기술을 기반으로 합니다. 많은 글로벌 기업들이 현지 투자업체를 통한 투자 또는 직접투자 등 다양한 전략적 투자를 진행하고 있습니다. 우리 또한 텔아비브_{이스라엘 수도}에 방문하여 현지 벤처캐피털_{VC} 및 스타트업과 미팅을 가졌는데, 텔아비브 도시 내에 밀집된 스타트업 생태계가 잘 구축되어 있다는 확신을 가지게 되었습니다.

이어, 유럽 내 거점을 확대해 나가는 과정에서 국가별 산업 및 지역 특성에 맞추어 단계적으로 영국 런던, 프랑스 파리, 독일 베를린 등지의 삼성 벤처와 협업 개념으로 일했습니다. 혁신 조직의 미션을 잘 추진하기 위해서 밤낮없이 뛰어다녔던 나날이었습니다. 이렇게 '글로벌 혁신의 연결점'을 만들어가며, 혁신 일에도 가속도가 붙기 시작했습니다.

혁신거점 ❶ 이스라엘 텔아비브

미국에 샌드 힐 로드가 있다면 이스라엘에는 텔아비브_{Tel Aviv}가 있습니다. 텔아비브 대학에서 박사 학위를 받은 한 임원에 따르면 '러시아의 기초기술이 이곳에서 응용 기술개발로 발전하면서 스타트업의 모태가 되었다'고 합니다. 즉, 탄탄한 기초기술에 후츠파 정신이 더해져 혁신을 만들어가고 있는 것입니다.

그렇다면 후츠파 정신이란 무엇일까요? 이스라엘 사람들이 어린 시절부터 익히는 독특한 문화로, 권위와 형식에 얽매이지 않는 혁신과 변혁, 용기와 도전 정신을 가리킵니다. 때로는 무례에 가까운 저돌성으로 의문을 제기하고 의견을 제시합니다. 이 후츠파 정신이 바로 이스라엘 스타트업 생태계가 성장함에 있어 바탕이 되었습니다.

텔아비브 국제공항은 예루살렘으로 가기 위해서 거쳐가는 곳입니다. 방문 전에는 주변 국가와의 분쟁으로 위험한 국가라는 생각이 강했습니다. 실제로 공항에 무장한 군인들이 눈에 많이 띄었습니다. 공항을 나와서, 호텔에 체크인하고 스타트업 미팅을 위해 현지 벤처캐피털을 방문하러 갔습니다. 길을 걷는데 공항에서 느꼈던 것과 완전히 다른 느낌이었습니다. 바쁘게 움직이는 사람들 속에 두 가지 세상이 동시에 존재하고 있었습니다.

벤처캐피털 사무실에서 하루 6~7개 업체와 미팅을 가졌는데, 기술의 도전성은 말할 것도 없고 어디서 나오는지 모를 정도에 자신감이 가득했습니다. 국가 및 지역 산업 측면에서 스타트업의 생태계가 잘 구축되어 있고, 의무적인 군 복무 기간에 기술을 배울 수 있다고 합니다.

텔아비브의 스타트업 생태계는 많은 글로벌 기업들과 투자 및 전략적 제휴를 통해서 산업이 잘 발전되어 있었습니다. 무엇보다 많은 스타트업과 대학이 연계된 혁신 프로젝트가 운영 중에 있으며, 정부 차원의 지원 체계와도 긴밀히 연결되어 있어서 '스타트업의 성지'라고 부르기에 손색이 없었습니다.

텔아비브의 벤처 파트너가 집중되어 있는 도시의 모습

삼성전자는 2007년에 이스라엘의 비메모리 업체 트랜스칩을 인수했습니다. AST 인수 후 13년 만에 처음 추진한 것이라 의미가 있는 행보였습니다. 이미지 센서의 미래 시장을 고려한 결정이었고 지금도 잘 운영되고 있습니다.

혁신 조직은 인수한 회사 오피스 내 일부 공간을 임대 형태로 운영하면서 이 스라엘 스타트업 기술을 조사하고, 투자하는 활동 준비하기 위한 거점으로 가 져가기로 결정했습니다. 텔아비브에는 액셀러레이션Acceleration 운영 성공 사례가 많습니다. 실리콘밸리 혁신 조직과 긴밀하게 협의하여 스타트업에 투자하며, 이 곳에서 사물인터넷IoT 및 디지털 헬스 혁신플랫폼 과제 수행을 가속화했습니다.

혁신 거점 ❷ 프랑스 파리의 '라 프렌치 테크'

예술과 문화의 대표 도시 파리에서는 우수한 과학자가 많이 배출된 파리대학을 중심으로 산학협력이 활발하며, 벤처 생태계가 빠르게 만들어지고 있었습니다. 파리에 가족여행을 다녀온 이후, 출장으로 다시 이 도시를 방문하니 전통 있는 건물에 많은 수학자, 과학자들이 여러 가지 산업을 바쁘게 움직이고 있었습니다. 교통이 복잡하고, 건물이 문화재 수준인데 이런 곳에서 벤처 기업 활동이 가능할지 상상이 잘 안 되었습니다. 그러나 건물 안에 들어가 보니 생각이 확 달라졌습니다. 당시 방문했던 곳은 창업 센터이자 스타트업들이 일하는 곳이라서 그렇게 느꼈던 것 같습니다. 프랑스의 '글로벌 테크 기업을 최고'로 만들기 위해서 기업가 정신과 정부의 육성 정책이 어우러져 스타트업 성장에 좋은 환경을 만들어 가고 있었습니다.

프랑스는 삼성전자의 주요 고객이 있는 유럽 내 중요 시장입니다. 해외판매법인의 도움을 받아서 초기 센싱 및 전략 담당자 채용에 도움을 받았고, 프랑스 출신 혁신과제 리더를 통해서 이곳에 어떻게 거점을 만들어 갈지 조언을 듣고 조직을 만드는 것부터 시작했습니다.

우선 파리에는 고등 수학 출신자가 많고 기업 생태계도 잘 구축되어 있어서 인공지능AI 혁신 센터 운영 및 벤처 투자 활동 목적으로 거점을 확보하기 적합하다고 판단되었습니다. 당시는 마크롱 대통령이 집권 후에 경제를 살리기 위한 정책 중 하나로 '2017년 프랑스를 스타트업 국가로 만들겠다'고 공언한 때였습니다. 그야말로 경제부장관이 경제 대통령이 되어 만들어 가는 혁신 과정 중에 있는 것이었습니다. 이에 2018년 혁신팀 사장과 마크롱 대통령 간의 미팅을 통해서 삼성전자 혁신 조직의 인공지능 센터 설립을 위한 우수한 인력 및 정책적 지원을 약속받았습니다.

사실, 저도 마크롱 대통령과 만남의 기회가 있었습니다. 그가 경제부 장관 시절에 삼성전자 대외 협력 담당임원과 함께 한국 프랑스 대사관에서 만난 적이 있습니다. 그는 삼성전자의 혁신, 그리고 변화를 어떻게 준비하고 있는지에 대해서 많은 질문을 했습니다. 정부 관료가 아닌 혁신 전도사 역할을 자처했습니다. 프랑스 파리는 '변혁의 시대'를 맞이하고 있었습니다. 그때 느낌 또한 젊고 패기 넘치는 젊은 정치인 이미지였습니다.

혁신 조직 내 프로젝트 리더로서, 프랑스 '젊은 유망 과학자' 중 한 사람으로 인공지능 분야의 뤽 줄리아Luc Julia 박사가 있습니다. 할아버지가 프랑스 내 유명한 수학자로서, 그 가족의 뿌리가 있었는지 '100대 유망 과학자'로 선정되었습니다. 그에게 한 번은 프랑스의 강점이 무엇인지 물어볼 기회가 있었습니다. 대답은 "수학과 기초 과학 분야의 강점을 가지고 양자 컴퓨팅, 디지털화 처리 기술 및 최근 인공지능 기반의 소프트웨어 알고리즘 기술을 토대로 핵심역량을 보유하고 있다"라는 것이었습니다. 그러면서 2019년 약 600여 개의 인공지능 관련 스타트업 중 250여 개 기업이 20억 유로 투자 유치영국 다음으로 유럽 내 2위에 성공하는 등 빠르게 성장하는 단단한 기술 생태계가 구축되어 있는 데 자부심을 보였습니다. 자신과 같은 고등 수학자와 과학자가 많이 활동하고 있는 것이 유럽 내 다른 국가와 비교하여 강한 경쟁력을 가지며, 유럽 내 '기술 프랑스'가 될 것이라는 믿음이 강했습니다.

혁신 조직은 파리에 인공지능 센터를 설립하여 사물인터넷, 자율주행차 등 혁신플랫폼 과제를 이 수학 고등학자들과 함께했습니다. 2014년부터 시작된 라 프렌치 테크La French Tech, 프랑스 스타트업들의 해외진출 및 해외 스타트업들의 프랑스 진출을 위한 정부 차원의 스타트업 혁신 성장 정책를 통해서는 육성된 스타트업 기술과 더불어 혁신과제 추진 및 전략적 투자 등을 검토했습니다.

혁신거점 ❸ 영국 혁신 '테크 도시'

런던은 금융의 중심 도시로 알려져 있지만, 동북쪽으로 가면 구글 알파고의 딥마인드를 탄생시킨 테크 시티Tech City가 있습니다. 인공지능, 핀테크 등을 중심으로 투자자가 만들어가는 '영국의 실리콘밸리' 도시입니다.

런던에 혁신 거점을 확보하기 위해서 방문했는데, 도심 중심의 큰 빌딩 사이에서 혁신 도시라는 느낌을 받기는 어려웠습니다. 미국 서부 실리콘밸리의 느낌보다는 뉴욕 월스트리트 같은 금융 도시에 가까운 분위기였습니다. 삼성 계열사인 삼성 벤처가 오래전에 진출하고 있어서 사무실을 방문하여 투자 동향에 대해서 설명을 듣고, 혁신 조직 내 센싱 인력신기술 정보 조사을 채용하여 이곳 사무실에서 같이 일하면서 배워 나가는 기회를 찾고자 했습니다.

영국에서 두 번째로 방문한 곳은 캠브리지였습니다. 대학 캠퍼스 주변에 대학, 스타트업, 벤처 투자자 간의 협력 체계가 잘 구축되어 있는 기술혁신 집단

런던 동부의 테크 시티 전경

Cluster이 존재하는 곳입니다. 캠브리지에서 다양한 전문성을 갖춘 성공적인 사람들을 만났습니다.

당시 도착한 시간이 늦어서인지, 저녁 시간의 캠퍼스 분위기는 가로등 불빛과 오래된 대학 건물이 잘 어우러져 운치 있게 느껴졌습니다. 혁신팀 리더시장급과 함께 이곳 대학 학장, 캠퍼스 내 연구기관, 벤처캐피털 책임자 등과 저녁 미팅을 가지며 캠퍼스 중심으로 기술혁신이 빠르게 진행되고 있다는 설명을 들었습니다. 대학 측은 저녁식사에 앞서, 대학 내 '찰스 다윈의 방'을 보여주며 "1859년 당시에 혁신적인 생각을 통해서 종교적, 사회적으로 강렬하게 영향을 주었다"라고 말했습니다. 상당한 자부심이 느껴지는 설명이었습니다.

캠브리지에는 영국의 반도체기업인 ARM사가 위치하고 있습니다. 반도체 팹

리스Fabless 설계 업체로 잘 알고 있었기에, 혁신팀에서는 이곳의 변화를 지속적으로 모니터링하면서 전략적 투자 등 기회를 찾아보고자 했습니다.

혁신거점 ❹ 독일 베를린 '스마트 시티'

독일은 일찌감치부터 4차 산업혁명에 대응해 왔는데, 특히 첨단기술전략인 인더스트리Industry 4.0을 통해 제조업을 중심으로 미래 경쟁력 산업을 집중 육성하는 정책을 발표하고 있습니다. 미래는 빅데이터, 인공지능, 자율주행차, 드론, 에너지 등의 분야를 중심으로 발전되리라 생각하고 관련 정책을 추진 중입니다.

우리가 방문한 당시는 앙겔라 메르켈 전 총리가 재임할 때로, 기업가 정신을 육성하기 위하여 정부가 나서서 지원하겠다 천명하고 글로벌 기업 CEO와의 미팅을 통해 여러 지원정책에 대해 직접 설명하는 것이 인상적이었습니다. 삼성전자 경영진과의 미팅에서도 여러 가지 인센티브 제도를 통한 기업 유치에 적극적이었습니다. 후에 혁신 조직에서 스타트업 투자 시 정부 차원의 육성 분야와 관련하여 공동 프로젝트를 진행했습니다.

베를린은 독일 스타트업의 허브로써 2020년 기준 전체 스타트업 투자 규모 중 약 17%가 이곳에 위치하고, 프라운호퍼Fraunhofer 연구소 등 많은 연구기관과 컨소시엄 형태로 운영되고 있습니다. 유럽의 스타트업 메카로, 스마트 시티 계획을 추진하는 중이기도 합니다. 혁신팀은 자율주행차 혁신플랫폼 과제를 진행하는 과정에서 독일의 많은 자동차 업체, 스타트업, 연구기관과 협력할 기회가 있으리라 판단했습니다. 삼성전자는 프랑크푸르트에 법인지금은 뮌헨으로 거점이 변경됨이 있어서, 유럽 방문 출장 시에 법인 방문 관련자와의 협의를 거쳐 지원Shared Service 서비스를 받기로 하고 거점 운영을 시작했습니다.

자율주행차ADAS 프로젝트 리더로 아우디 기술책임자CTO 출신을 영입했습니다. 이어서 현지 네트워크를 통해 기술혁신 스타트업 투자 및 자동차 분야 전문가의 자문을 받을 수 있었습니다. 덕분에 초기 실리콘밸리 혁신 조직과 연결된 과제 및 전략적 투자 등에서 중요한 거점으로 활용되었습니다.

이처럼 실리콘밸리에 혁신 조직 리더사장급 중심으로, 샌드 힐 로드에서 시작하여 글로벌 혁신 국가와 연결된 혁신 조직이 완성되었습니다. 이후, 혁신 조직은 최고경영진CEO 직속 조직으로 운영되었는데, 첫 혁신 조직의 미션은 '반도체 부품 차원의 혁신플랫폼 연구 추진'이었습니다. 그 이야기를 이어나가 보겠습니다.

06

혁신을 만들어 가는 조직에 주어진
최고경영진 미션

내딛는 순간 6

반도체 위기에서 벗어나기 위한 미래 준비가 시작되다

:: 주요 내용 ::

혁신팀 정비 후 최고경영진의 미래 준비,
직속 조직으로의 운영,
최고경영자의 첫 미션은 반도체 부품 혁신 연구

향후 반도체 칩이 주요 응용 시스템에서 동작할 때 어떤 최적의 조건을 필요로 하는지 알기 위해서는 고객들이 어떤 미래를 준비하고 있는지에 관해 공부해야 했습니다. 기술적으로 시스템 구조에 대한 변화와 그에 따른 반도체 칩의 성능을 높이기 위해 갖춰야 할 능력을 파악하고, 이를 위한 전략 목적을 세워 나갔습니다.

애플의 아이폰은 흔히 최초의 '플랫폼'이라 불립니다. 2007년에 아이폰이 등 장했을 때는 지금 와서 생각하면 좀 과한 면이 있으나 애플이라는 플랫폼 기업과 그 밖의 기업으로 구분하기도 했습니다.

이후에도 여러 산업에서 플랫폼 기업을 자처하는 경쟁우위 기업이 등장했습니다. 미래 데이터의 중요성을 생각해서 고객 데이터를 어떻게 효율적으로 수집하고 분석하느냐, 그리고 사업 모델을 어떻게 만들어가느냐에 따라 플랫폼의 형태는 다양합니다. 어떤 이는 컴퓨터의 윈도우와 같은 운영 체계를, 어떤 이는 버라이즌이나 AT&T 같은 통신사를, 그리고 혹자들은 페이스북현 메타 플랫폼스이나 트위터 같은 소셜 미디어를 플랫폼으로써 지칭하기도 합니다.

전자기기의 플랫폼은 기본적으로 하드웨어와 소프트웨어를 통칭하는 식으로 사용됩니다. 이에 핸드폰, TV, 가전 등 사업별 특성에 맞는 플랫폼에 대하여 정의했습니다. 반도체 부품 차원 혁신플랫폼을 위해서는 국내외 고객의 미래 준비를 위한 기술적인 시스템 구조Architecture의 변화를 이해하는 것이 중요했습니다. 이를 위해 고객사와 협의하고, 스타트업 투자도 하는 한편, 직접 시제품Pilot을 만들어 보기로 했습니다.

얼마나 시간이 필요하고 어느 정도의 투자가 필요할지 예측할 수 없는 상황이라 향후 추진하면서 의사결정을 하기로 하고, 우선은 시작했습니다. 이를 위해 소프트웨어 인력들이 연구 중이던 반도체 사업부에 시스템 전문가를 채용해서 아키텍처를 보는 시각에 대한 접근을 양방향으로 진행하고자 했습니다.

반도체 부품 혁신의 시작

반도체 사업부별 개발 우수인력을 파견하는 형태로 팀을 구성하여, 매일 같이 각자의 기술 분야와 시스템 지능지수를 높이기 위한 플랫폼 연구를 진행했습니다. 전자 내 모바일, 네트워크 사업부 관련 연구원들이 세미나를 가지며 부품·시스템 간 이해의 폭을 좁혀 나간 후, 아이디어 차원의 개선 사항도 찾아 나갔습니다.

스토리지 시스템의 경우 실리콘밸리의 전문가를 채용함으로써 아키텍처를 연구하기로 했고, 사업부 메모리 응용기술 개발 인력과 정기적인 협의 및 세미나 등을 진행했습니다. 그 결과 마침내 공동으로 프로젝트 계획을 만들어 추진하게 되었으며, 이후 벤처투자·기술 자문위원회 등 활용하여 기술 전문성을 보완했습니다.

지금 생각해 보면, 당시 최고경영진이 확신을 가질 수 있었던 이면에는 과거 성공적으로 추진한 사례에 대한 사전 학습이 있었던 것 아닌가 싶습니다.

메모리 사업부는 플래시 제품 개발자와 HDD Hard Disc Driver 개발 인력 간에 상호 협력을 통해서 SSD Solid State Driver 제품을 만들어 세계 1위에 올린 바 있습니다. 부품·시스템 간의 시너지 효과가 제대로 발휘되었던 것입니다. 조금 더 구체적으로 설명하자면, 2011년에 삼성전자는 스토리지 사업부를 씨게이트에 매각했습니다. 당시는 HDD의 수익성이 악화되고, SSD 시장으로 변화되던 때입니다. 경영진들은 SSD 제품을 만들기 위해서는, HDD 경험 인력을 통해 완성된 혁신 제품인 플래시 메모리와 HDD 시스템 기술을 접목해야 한다는 판단 하에 중대한 결정을 내렸습니다. 사업은 매각했지만 인력 유지retention 차원에서 시스템 지능지수를 가진 HDD 개발 인력들을 메모리 사업부로 전배이동시켰던 것입니다. 이들의 경험과 전문성이 큰 힘이 되어 세계 1위의 SSD 제품이 탄생했습니다.

이러한 사전 경험에 바탕하여, 혁신 조직의 첫 미션은 전문가를 통해 '반도체 혁신플랫폼을 연구'하는 것으로 정해졌습니다.

혁신과제 발굴, 그리고 내부와 외부 개발자 간 협력을 통한 연구

이어서 미래에 '데이터 게이트웨이Gateway 역할을 할 분야'가 반도체 부품 혁신 플랫폼 과제의 선정 기준이 되었습니다.

응용 시스템을 이해하기 위해서는 반도체 기술을 기반으로 하여 궁극적으로는 소프트웨어 및 솔루션까지 이해해야 합니다. 그러다 보니 반도체 분야에 집중하는 데서 그치지 않고 전사 차원에서 도움이 되는 부분까지를 고려하게 되었습니다. 실제로 종래에는 전사 차원의 프로젝트 성격까지 포함하여 운영했습니다.

구체적으로는 '가장 많은 데이터를 필요로 하는 디지털 헬스, 전자기기의 연결을 위한 사물인터넷IoT, 포스트 모바일 플랫폼으로써 기술의 총합체인 자율주행차' 등으로 혁신과제를 점차 늘려 나갔습니다. 이를 추진하는 과정에서 효율성을 기하기 위해 본사의 사업부 및 연구소기술원 관련 부문과 역할을 구분했습니다. 또 상호 시너지가 기대되는 '협력 과제' 형태도 진행하되, 전체 과제에 대한 스폰서십Sponsorship은 반도체 해당 사업부가 책임지도록 했습니다.

초기 혁신팀을 구성하여 자체 과제로 추진하는 과정에서 전략적인 협력 파트너를 찾아, 조기에 그 분야의 전문성을 레버리지leverage, 지렛대로 활용함으로써 성공적으로 과제를 진행할 수 있었습니다. 이후 벤처 투자 등 통해 혁신 업무의 연계성을 갖춰 나중에 투자 기대효과회수를 가져갈 수 있었습니다.

이에 독립적인 얼리 스테이지Early stage 투자 펀드, 자율주행 관련 전략 펀드를 구성하여 운영했습니다. 글로벌 스타트업을 발굴하고, 투자를 통해 혁신팀 내 과제와도 연관성을 갖고 추진하여 혁신을 가속화액셀러레이션했습니다.

이러한 혁신 프로젝트에 대해서는 파트2에서 더욱 상세하게 설명하도록 하겠습니다.

최고경영자 미션과 연관성을 갖는 평가 시스템

이렇게 조직 리더, 글로벌 주요 거점, 그리고 첫 미션까지 확정 지었습니다. 남은 것은 조직 유지를 위한 의사결정 프로세스 및 평가 시스템을 갖추는 것이었습니다.

혁신은 3~5년 후를 보고 추진해야 합니다. 그러므로 매년 단기적인 성과 평가 방식과는 다르게 운영하기 위한 기준과 시스템이 필요합니다. 구체적인 내용은 다음과 같았습니다.

- 현재보다 3~5년을 앞서는 기술·사업 분야

- 현 사업과 미래 사업의 비중은 70% 대 30%

- 수시 보고를 통한 의사결정

삼성전자에는 사업부 개발실, 연구소, 종합첨단연구소 조직이 있습니다. 미래의 기간을 어떻게 설정하느냐에 따라, 그리고 미래 새로운 기초연구 분야에 대한 범위를 어떻게 정하느냐에 따라서 3개 조직 간의 역할이 결정됩니다. 혁신 조직이 얼마의 기간 동안 어떤 영역에 집중할지 확실히 정리할 필요가 있었습니다. 그래야 관련 조직 간에 명확한 역할 구분이 이뤄져 효율적으로 일할 수 있기 때문입니다.

혁신 조직 업무 목표 : 미래 3~5년을 대비하기 위한 준비

반도체는 중장기 계획을 수립하는데, 일반적으로 3~5년짜리입니다. 현 사업과 미래 신수종 사업으로 구분하여 전략을 세우고, 매년 최고경영자 보고를 통해 투자 및 전략에 대한 의사결정을 합니다.

혁신 조직이 만들어지고 새로운 사업과 기술을 발굴하여 추진하는 상황에서, 혁신 조직에서 하는 일을 어떻게 기존 미래 전략 속에 포함시켜 같이 일해 나갈지 결정하기란 쉬운 일이 아니었습니다.

혁신 조직은 연구개발과 유사한 비용 조직Cost Center이라 할 수 있습니다. 일을 잘하는지 못하는지는 혁신 일과 관련된 스폰서 사업부에서 평가할 수밖에 없습니다. 다만 혁신 조직의 성격상 100% 사업부와 연계하여 추진하면 혁신 조직 내 비전이 없을 수 있다는 경영진의 판단에 따라, 현 사업과 미래 사업 차원의 일정 비율을 갖고 조직 업무 목표를 만들었습니다.

70 : 30 규칙

앞서 말한 일정 비율이란, 70%는 현 사업과 관련성 갖고 성과를 내고 30%는 혁신 조직 자체적으로 목표를 세워서 일을 하되 평가에는 반영하지 않는 것이었습니다.

실리콘밸리 내 다른 글로벌 기업들도 신규사업 조직을 평가하는 데 어려움을 겪는다고 합니다. 기존에 사업부는 매출과 손익 기준으로 평가하는 데 비해 혁신 조직은 정성적전략 등 수치 평가가 어려움 평가를 할 수밖에 없기 때문입니다. 이에 사업부(장), 주요 경영진들과 혁신 조직의 역할에 대해서 정기적으로 협의를 진행했습니다.

30%의 자율적인 미션에 대해서는 최고경영진CEO과 협의를 통해서 중장기 비전과 관련성을 갖고 계획을 세워 나갔습니다. 이 과정에서 최고경영진과 함께 새롭게 평가 시스템을 만드는 것이 중요했습니다.

혁신 전략 리더인 프란시스 호 박사는 언론 인터뷰를 통해 다음과 같이 말했습니다.

"혁신은 미래 불확실성과 다양성에 대해서 솔루션을 찾아가는 일"

미래의 게임체인저를 찾는 일은 '짧게 보면 안 되고, 길게 봐야 하는 것'입니다. 기술적 혁신이 어디에서 만들어질지 그 누구도 정확히 예측하기 어렵습니다. 그러므로 혁신 조직이 열심히 하는 것도 중요하지만, 글로벌 기업과 파트너십, 스타트업 투자, 벤처 케피털과의 협력, 여러 산업분야의 전문가 의견 등을 통해서 지속적으로 게임체인저를 찾아 나가는 과정 속에 구체화해 나가기로 했습니다.

수시 보고를 통한 의사결정 체제 구축

혁신 조직에서는 의사결정을 빠르게 받아서 진행해야 할 일이 자주 발생합니다. 기존의 단계적 보고를 통해서는 전략적 기회를 잃을 수 있으므로, 이런 경우에는 최고경영자 수시 보고 체계를 운영했습니다. 또한 사전에 이메일로 보고하여 의사결정 시간을 줄일 수 있었습니다.

물론, 기존 보고 체계에 익숙한 의사결정 프로세스에 관여하는 개발 및 스텝 조직은 많은 데이터와 내부 보고를 통해서 어느 정도 의사결정을 받은 후, 최고경영진에 대한 보고를 진행하길 원했습니다. 그러나 이런 방식으로는 적기에 의사결정이 어려웠습니다. 이에 최고경영진에 직접 보고하는 본사 조직을 두고, 혁신 조직과 사전에 의사결정을 위한 준비를 빠르게 하면서 업무 과정을 개선해 나갔습니다.

그렇다고 혁신 조직이 업무 상 특권을 가지는 것은 아닙니다. 다만 현 조직과는 다르게 운영되는 특성이 있기에, 혁신 조직의 가치를 만들고 성공적으로 운영하기 위해 최고경영자 직속 보고 및 별도의 평가 시스템을 운영했던 것입니다. 이는 실제로 혁신 조직의 성공적인 운영에 중요한 역할을 해주었습니다.

PART   02

필연적인 변화,
혁신하라

—

글로벌 혁신의 여정

생각했으면 행동하라,
그리고 더 생각하고 행동하라

01

미래는 데이터 시대,
반도체 혁신을 위한 준비

여정의 순간 ①

데이터를 지배하는 자(기업)가 미래를 지배한다!
게이트웨이를 선점하고 4대 과제를 달성하라

:: 주요 내용 ::

혁신 유전자(DNA)를 공유하는 실리콘밸리의 기업들과
함께해온 삼성전자 반도체, 지난 10년 혁신의 순간을 가다

데이터의 양이 폭발적으로 증가한 것은 클라우드에서 기인하였고, 이 시기가 2012년경입니다. 다가오는 빅데이터 세상에서는 정형화되지 않은 데이터로 인해 정보통신IT 기업이 빠르게 성장할 것으로 예측되었습니다. 이에 반도체 업체는 칩 공급자로서, 시장 및 고객의 변화를 사전에 파악하고 대응해 나가야 하는 어려움에 직면했습니다.

데이터가 어디서 많이 발생되고, 데이터를 어떻게 관리해야 인간 생활의 편리

성을 더할 수 있을지에 대해 고민했습니다. 전자 반도체 사업의 성격을 생각하면 '데이터 수요가 많고 기술적으로 관리할 수 있는 분야에 집중'하는 것이 목표입니다. 구체적으로는 기술과 연계성을 갖춘 데이터 저장기술, 전자기기 간의 연결 기술, 사람 몸과 전자기기 간 정보를 정확히 측정하는 기술 등이 그것입니다. 예를 들어, 교통 이동 중 안정성과 편리성을 확보하기 위해서는 관련된 많은 데이터를 분석하고 판단하는 기술이 중요합니다.

한편, 반도체의 경우 시스템의 데이터가 증가하면 칩 면적을 집적화하여 데이터의 양, 데이터의 속도, 그리고 전력 소비를 줄여나가는 기술 변혁이 필요해집니다.

2011년부터 빅데이터 관련 키워드에 대해서 많은 분석을 한 결과, 분명히 사업적인 측면에서 기회가 될 것임을 알았습니다. 이에 고객 대응 및 경쟁사와의 경쟁에서 어떻게 차별화해서 승자가 될 수 있을지 끊임없는 토론과 연구를 했습니다.

회사 내에서는 반도체 경기 주기cycle를 생각해서 조심스럽게 신규 및 증설 공장 투자를 해야 한다는 의견과 시장 성장 분석에 따른 공격적인 시장 지배력을 키워 나가야 한다는 의견이 상충하고 있었습니다. 반도체 사업을 시작할 당시의 의사결정이 후발업체의 입장에서 내려진 것이었다면, 이제는 1위 기업이 위험 요인에 대해 신중하되 앞선 결정을 해야 하는 상황이 된 것입니다. 게다가 기존의 정형 데이터에서 비정형 데이터로 변화되어 가는 추세에 따라, 시스템의 변화가 가져올 영향에 대해 많은 분석이 필요했습니다.

실리콘밸리 혁신팀은 미국 현지 시장 및 주요 고객에 대한 변화를 분석, 대응하는 차원에서 '시스템 연구'를 위해 시제품pilot을 만들어 가며, 앞으로 반도체 기술 변화에 어떤 영향이 미칠지 알아보기로 했습니다. 미래의 승자는 '데이터를 통해 기업가치를 만드는 자기업'라는 것이 우리의 판단이었습니다.

데이터가 오가는 길을 찾아라

2012년 최고경영진과 회의를 하는 자리에서 이런 이야기가 나왔습니다. '지금까지 반도체 사업은 기술을 빨리 개발함으로써 경쟁자와의 생존 게임에서 우위를 점해왔지만, 앞으로는 시장 변화를 사전에 잘 이해해야만 이길 수 있다'는 것이었습니다. 그러기 위해서는 데이터의 변화가 시스템적으로 어떤 변화를 일으킬지, 그와 관련한 데이터 통로Gateway를 잘 파악해야 한다는 이야기가 이어졌습니다. 이를 통해 '혁신플랫폼 연구의 시작은 데이터 관리가 중요하니, 데이터 양이 증가하면서 병목bottleneck 현상이 반도체 칩에서 발생하는지 아니면 시스템 구조에서 발생하는지 잘 파악해 보자'고 의견을 모았습니다.

빅데이터가 핸드폰, 생활가전, 자동차 등 응용처별 시장에 변화를 줄 것이며 65억 명 세계인 개개인의 건강 데이터가 중요해질 것으로 보았습니다. 이에 반도체 스토리지 시장의 성장 요인, 사물인터넷, 디지털 헬스, 자율주행차 산업의 영향이 클 것으로 판단하고 이 4가지 혁신플랫폼 과제를 단계별로 추진했습니다.

이렇게 해서 데이터가 많은 시스템을 목표로 본격적인 혁신과제 수행에 착수했습니다. 우선 메모리 SSD_{Solid State Drive}의 데이터 저장 및 관리 기술 측면에서 스토리지 시스템 연구를 시작했습니다. 이후에 디지털 헬스, 사물인터넷, 그리고 자율주행차 등으로 확대하면서 시스템 구조 변화를 연구하고 글로벌 개발자들과 함께 토론 및 실제 제품을 공개하고 의견을 받아가면서 제품 완성도를 높여 갔습니다.

2012년부터 시작된 4개 혁신(플랫폼) 과제

- 데이터 센터 출현에 따른 스토리지_{Storage} 시스템
- 모든 전자기기 연결의 중심, 사물인터넷
- 웨어러블 기기의 핵심 센서이자 사전예방을 위한 디지털 헬스
- 전자기기의 총 집합체가 될 새로운 플랫폼, 자율주행차

이상의 과제에 대해 언론에 공개된 사항 중심으로 정리하여 독자가 맥락을 이해하는 데 무리가 없도록 했습니다. 상세한 수치 정보는 회사의 사업에 영향을 미칠 수 있으므로, 이는 제외하고 설명드리는 점을 양해 부탁드립니다.

스탠퍼드 대학의 NABC 분석법

NABC는 스탠퍼드 대학에서 개발된 새로운 연구 프로젝트 추진 시 관리 기법으로, 특히 선진 기업 벤치마킹 등 기술사업화를 전제로 활용되고 있습니다. 우리 또한 과제 착수 시에 이를 적용했습니다.

- Needs 시장 트렌드 분석
- Approach 고객 분석 및 내부 역량 분석을 토대로 해결책 제시
- Benefit 해결책이 안겨주는 이익, 기대효과 분석
- Competition 경쟁업체들과의 비교 분석을 통해 차별화 여부 판단

SRI Stanford Research Institute는 1946년에 설립된 기관으로, 2천여 명의 연구인력이 NABC 기법을 통해 연구과제에 관한 착수 여부를 결정하고 있습니다. 기업의 경우, 애플의 아이폰 시리Siri 제품 초기 연구에 기여했으며, 연구분야로는 컴퓨팅, 바이오 의학, 화학 및 재료, 우주과학, 에너지, 환경 등 기초과학 연구에 많이 사용되고 있습니다.

우리는 4개의 혁신과제에 대한 NABC 분석을 준비했고, 이를 발표하여 결정했습니다. 본 책에 소개되는 내용은 당시 발표자료를 기반으로 한 것은 아닙니다. 독자의 이해를 돕고자 그 당시 시장 조사기관의 자료를 찾아보고, 전문가가 발표한 내용 등을 참조함으로써 필자가 다시 정리한 것임을 밝힙니다.

02

개방형 4대 전략 과제의
결정 요건 및 추진

여정의 순간 ②

디지털 전환 시대, 데이터와 트렌드를 활용한
새로운 경쟁력 확보 및 사업 기획을 모색하다

:: 주요 내용 ::

스토리지 시스템, 사물인터넷,
디지털 헬스, 자율주행차

스토리지 시스템 : 스텔러스 데이터 플랫폼

디지털 전환 시대의 서버, 스토리지 시장을 대비하는 차원에서
반도체 SSD 경쟁력 확보 및 사업 기회 모색

비정형 데이터Unstructured data의 무한 혁신 잠재력을 이해하기 위해서는 스토리
지 시스템 아키텍처의 신속한 확장이 관건이었습니다. 이에 '부품 차원 혁신플랫폼
의 첫 미션 과제인 〈SDP : 스텔러스Stellus 데이터 플랫폼Data Platform™〉이 시작되

었습니다.

반도체 업체 입장에서는, 서버와 데이터 센터 환경에서 플래시 스토리지의 기술적인 발전이 중요해질 것으로 전망했습니다. 기업들은 SSDSolid State Drive 기반의 고성능 제품 개발에 집중하고 있었습니다. 삼성전자는 NVMeNon-Volatile Memory express, 고속저장 매체에 접근하기 위한 새로운 프로토콜 인터페이스를 기반으로 한 SSD 제품을 개발하고 있었는데, 서버와 데이터 센터에서 시스템 성능 최적화를 위한 구조architecture 연구가 필요했습니다.

혁신 조직은 스토리지 시스템 연구를 통해 '반도체 스마트 SSD 개발 시 성능 향상'을 위해 고려해야 할 사항을 사전에 확인하고자 했습니다. 우선 NABC 분석에 기반하여 과제 추진을 결정했습니다.

Needs 제타 바이트 시대 도래로 인한 시장 성장성 고려

기가 시대 대비 10의 9승에서 18승(제타바이트는 1조 1천억 기가바이트)
2010~2015년 연평균 약 28~61% 성장 견인

2012년 말 정보통신 시장의 주요 키워드 중 하나는 빅데이터의 출현이었습니다. 전 세계에 생성되어 있는 데이터의 양이 약 2.7제타바이트Zettabyte에 이르렀고, 2016년에는 8제타바이트로 폭발적으로 증가하리라 전망되었습니다. 구체적으로는 스마트 기기 확산, 소셜 네트워크 확대, 다양한 지능형 단말 통신기기의 확대가 데이터 폭증을 만들어 낼 것이라고 보았습니다.

조사기관 IDC도 전 세계 빅데이터 시장을 2010년 97억 달러, 2015년 169억 달러로 전망했습니다. 서버 시장 16억 달러, 스토리지 35억 달러, 네트워킹 6억 달러, 소프트웨어 65억 달러, 서비스 169억 달러로, 2010년부터 2015년까지 연평균 약 28~61% 성장할 것으로 예측했습니다.

과제 책임자는 '데이터 양의 증가로 반도체 사업에 기회가 올 것이고, 현 기술을 개발하는 업체가 많이 늘어나는 추세라서 기술적 차별화가 중요할 것'이라고 발표했습니다.

Approach 인공지능, 빅데이터 등 시스템 성능 변화에 주목

시장에서는 델 테크놀로지, 넷앱, HPE, IBM, 퓨어스토리지 등이 비정형 데이터와 클라우드 스토리지 수요를 잡기 위해서 공격적인 투자를 하고 있었습니다. 특히 인공지능, 빅데이터 등 최신 워크로드work load 수요에 주목하고 있었으며 향후 대용량의 영상·음성 데이터 활용이 확대될 것에 대한 대응 차원에서 공격적으로 사업을 전개하고 있었습니다.

업체들은 최근 비디오, 이미지, 소셜 미디어 콘텐츠의 확산으로 비정형 데이터가 더욱 빠르게 증가하여 '파일 및 오브젝트 스토리지 형태'로 데이터가 2024년에는 당시보다 3배 증가할 것으로 전망했습니다.

이에 삼성전자 반도체 사업부는 스토리지 시스템 성능 변화에 따른 칩의 성능 향상을 위하여 자체적인 차별화 전략 방안을 고민하게 되었습니다.

반도체 SSD 사업 기회 모색

삼성전자는 고성능, 고용량, 저전력 효율성을 갖춘 SSD 제품을 통해 다양한 폼팩터Form Factor, 응용처인 PC, 데이터 센터, 엔터프라이즈에 대응하는 데 기회가 있다고 판단했습니다. 따라서 향후 SSD 기반의 고성능, 고용량 확장이 가능한 스토리지를 개발하고자 했습니다.

처음에는 고객사와 협력을 통해서 준비하려 했습니다. 그러나 제한된 정보와 시스템 아키텍처에 대한 상대적 지식 부족으로, 칩 수준에서 지원하고 협의하는 데 이해 정도의 차이가 있었습니다. 이에 혁신 조직은(앞에서 언급했지만) 기존 고객과의 경쟁을 위해서가 아닌 시스템 지능지수를 높여나가는 것으로 시장 변화를 인지하고, 고객에 빠르게 대응하는 방안을 찾고자 했습니다.

Competition **시스템 전문가 + 반도체 전문가의 시너지 효과 기대**

초기에 큰 고민은 팀 구성을 어떻게 할 것인지였습니다. 일단 시스템 업체의 기술 전문가 3~4명을 영입했습니다. 그리고 개발 방향에 대해서 반도체 기술자들에게 세미나를 제공하고, 향후 개발 방향을 결정했습니다. 이 같은 반도체 전문가들과의 시너지를 통한 차별화 전략 계획은 효과적이었습니다.

지나친 차별화 강조, 결국 미성숙 기술 시도로 겪은 시행착오

제품 개발 시 고려한 사항 중 하나는, 시장이 성숙되어 어떻게 차별화할지에 대한 것이었습니다. 이에 관한 아이디어가 필요했고, 결국에 개발 리더가 전 회사에서 새롭게 하려고 했던 아이디어로 시작했습니다. 문제는 검증이 안 된 새로운 아키텍처 기술로 인한 신뢰성 문제였습니다. 시간이 지나도 해결점이 보이지 않자, 결국 초기 개발 리더 교체가 불가피하게 되었습니다. 무엇인가 새로운 것에 대해 가졌던 지나친 기대가 불러온 결과였습니다.

이후에 시스코, PMC 시에라, 퀵로직 등의 회사에서 오랜 경험을 한 전문가로 재구성했습니다. 그리고 인텔의 아키텍처 엔지니어, 마벨 사의 CTO펠로우급 기술 책임자를 채용하여 개발 방향을 재정립했습니다. 'NVMe SSD 성능 최적화로 HDD/SSD의 하이브리드Hybrid가 요구되는 맵/캐시Map/Cache 제거를 통한 시스템 효율화'를 목표로, 시스템 차원의 과제 개발 방향을 재정리해 나갔고 본사 소프트웨어 개발자와 함께 문제점을 찾아냈습니다. 한 번의 시행착오 시간을 회복하기 위해서 스타트업 정신으로 빠르게 개발을 추진했습니다.

스텔러스, 제조와 판매 독립 기업으로써 자회사 출범

플랫폼 과제에 대한 시장의 평가를 받기 위해서 독립 자회사를 설립했고, 샌디스크의 CMO마케팅최고책임자를 자회사 CEO로 영입하여 본격적으로 사업계획을 수립했습니다. 필요 예산은 외부 펀딩Funding을 통해서 추진하기로 하고 진행했습니다.

서버용 반도체 스토리지는 기업 등이 방대한 정보 혹은 빅데이터를 효율적으로 관리, 유지, 제어하기 위해 만든 대용량 저장장치입니다. 클라우드 컴퓨팅, 사물인터넷, 인공지능 기술이 다양하게 적용되며, 활용도가 커질 것으로 전망했었기에 혁신 조직 내 참여하는 인력들은 상당히 비전이 있다고 생각하고 성공 시 결과에 대한 보상에 대한 기대감 또한 컸습니다.

그렇게 탄생한 스텔러스Stellus는 스토리지 제조뿐 아니라 판매, 유지, 보수 등을 아우르는 전문기업으로 육성한다는 전략 하에 서버 저장소 관리를 위한 소프트웨어를 직접 개발하는 등, 종합 솔루션 업체로의 성장을 목표로 사업을 확대했습니다. 사업부와 시너지 협력이 잘 진행되어 초기 플랫폼 연구에서 스토리지 제품의 성능 최적화에 5~6년 여의 시간을 투여했고, 마침내 시스템 성능 결과를 확보했습니다. 데이터 처리량 2배 증가, 전송량 10배 증가, 응답속도 5배 단축이라는 목표를 달성했던 것입니다.

처음에 스텔러스는 빠른 시장 대응을 위해 스타트업 형태로 회사를 운영했으나, 결국 리소스인력 부족으로 연구개발, 영업, 솔루션 확대 대응 등에서 어려움에 봉착하게 되었습니다.

2021년, 스타트업 형태의 자회사 운영과 독립적 생존 사업 운영, 잠재 고객의 요구needs에 최적화된 시험 테스트까지는 진행되었으나, 벤처캐피털VC로부터는 '이미 성숙된 시장에서의 차별화 기술'로 미래 가치 면에서 저평가되어 추가 펀딩을 받지는 못했습니다.

사업은 철수, 시스템 연구는 지속

결과적으로, 스텔러스는 시스템 지능지수 제고를 목적으로 수행을 잘 완수했습니다. 그동안의 기술 자산 및 일부 엔지니어 인력들은 해당 사업부로 편입spin in시켜 시스템 연구를 하는 것이 필요하다고 결정되었습니다.

현재 스텔러스는 미국 법인 내에 기술책임자cto가 책임자로, 20여 명의 엔지니어들과 사업부에 흡수되어 사업부 제품 경쟁력 차원의 연구를 지속하고 있습니다.

스텔러스 개발 툴인 SDP 제품은 전 세계 비정형 데이터의 저장 및 액세스 속도를 약 10배까지 향상시켰습니다. 또한 클라우드, 코어 및 에지 인프라를 활용해 디지털 기업의 대규모 데이터 처리량을 지원하여, 특히 삼성전자 SSD나 다른 스토리지의 효율성을 극대화함으로써 그 가능성을 입증했습니다. 잠재고객

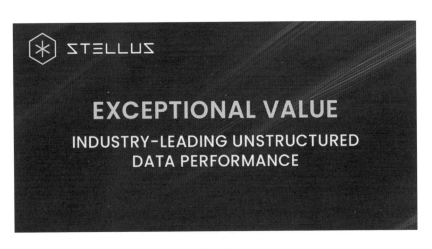

스텔러스 로고 및 기업 비전 출처 : 스텔러스 공개자료

으로는 미 국방부 산하 기관 및 영상 업체 등 많은 데이터를 빠르게 처리해야 하는 곳이 있었습니다.

이처럼 실리콘밸리에서 첫 혁신플랫폼 과제로 업계에서 많은 관심을 받으며, 전문가 포럼과 기술 자문단 회의, 콘퍼런스 참석 등을 통해서 기존의 사업부 차원의 개발 형태와는 다르게 현지에서 업무를 추진했습니다. 수년간 약 80여 명의 현지 인력과 본사 사업부 개발인력 간의 시너지를 통해 기술적인 성과를 낸 것은 물론, 전략적 측면에서 스타트업 투자를 통해 성과를 만들어냈기에 의미가 있었습니다. 앞으로도 사업부의 스토리지 시스템 연구 차원의 혁신 활동은 지속될 것이고, 이 같은 혁신과제 경험을 통해서 더 발전된 형태의 혁신 활동이 이어질 것으로 기대하고 있습니다.

저 개인적으로도 자회사의 보드 멤버Board Member로 개발 착수, 운영, 자금, 인력 채용, 청산, 조직 편입 등의 과정에서 많은 경험을 했습니다.

사물인터넷 : 아틱

데이터 증가에 따른 저장 기술의 변화,
전자기기 간 오가는 데이터 정보 관리를 위한 개발자 플랫폼

삼성전자는 2015년 사물인터넷 시장에서 인텔과 양강 구도로 제품개발 경쟁을 가속화하고 있었습니다. 이에 반도체와 생활가전 공동으로 소프트웨어, 드라이버, 저장장치, 보안 솔루션, 클라우드 기능이 집적된 통합 개방형 혁신플랫폼

제품을 개발하고자 했습니다.

실리콘밸리 혁신 조직에서는 소프트웨어와 클라우드, 한국 본사에서는 칩과 보안 솔루션 등 역할을 구분하여 개발했습니다. 구체적으로는 '삼성전자 타이젠과 반도체 모듈 칩을 통한 사물인터넷 생태계'를 구축하여 시장을 공략하고자 했습니다.

[Needs] 전자기기 간 연결을 통한 생태계 성장
2022년까지 약 1.2천억 달러 규모의 고성장 전망

2015년 미국 라스베이거스 CES에서는 많은 기업들이 사물인터넷 기반으로 사물과 사물을 연결한다는 개념의 소비재Consumer goods 시장을 준비하는 제품을 선보였고, 그와 관련된 초청자 강연Keynote Speech이 대세를 이루었습니다. 커넥티드 홈Connected Home, 스마트 미터Smart meter, 커넥티드 자동차Connected Car 및 사물인터넷 생태계가 성장함에 따라 이미 많은 회사들이 사물인터넷을 이용한 플랫폼과 서비스를 선보이고 있었습니다. 전 세계적으로 증가하는 전자기기들의 개수와 온라인 연결이 늘어날 것으로 예측하고, 각종 전자기기 및 사물들의 개수도 증가할 것으로 보았습니다. 실제로 조사기관 IDC, 마치나Machina Research 등은 세계 사물인터넷 시장이 2022년까지 연평균 21.8% 성장하여 약 1조 2천억 달러 규모에 달할 것으로 전망했습니다.

과제 리더는 '2014년 100억 개에서 2020년 300억 개까지 사물들이 인터넷과 연결되어 사용될 것'이라 판단했고, 특히 이 중 생활가전 분야의 연결 디바이스는 2015년 29억 개에서 2020년 130억 개로 늘어나리라 전망했습니다. 향후 스마트 자동차 성장률도 약 96%까지 고성장할 것으로 보았습니다.

이외에 지능형 빌딩, 헬스케어 시장도 성장 분야로 분석했습니다. 삼성전자도 CES에서 생활가전 중심으로 사물인터넷 시장에서 보유하고 있는 여러 가지 디바이스 간의 연결을 통한 사업을 강화하고, 파트너십을 통한 생태계를 만드는 데 적극 참여하겠다는 전략을 갖고 있는 상태였습니다.

Approach **경쟁자, 고객의 자체 플랫폼 강화**

사실 혁신 조직에서 사물인터넷 과제를 검토할 당시에 이미 경쟁사 인텔은 자체 프로세서를 구축했고, 구글과 아마존, 마이크로소프트는 운영체계os의 강점을 활용한 생태계를 강화하고 있었습니다.

인텔의 IoT사물인터넷 애플리케이션인 제온 프로세서D-1700, D-2700는 임베디드 러기드 애플리케이션을 위한 서버급 컴퓨팅과 하드웨어 기반의 보안, 높은 대역폭의 I/Oinput-out put를 제공하고 있었습니다. 또한 12세대 코어 프로세서는 고성능 하이브리드 아키텍처로 지능형 워크로드 최적화를 제공했고 P코어Performance Core와 E코어Efficient Core로 제품의 성능과 효용성을 결합했습니다.

구글, 애플, 마이크로소프트는 독자적으로 보유한 운영체계를 기반으로, 홈 IoT 플랫폼을 통하여 생태계 구축을 준비하고 있었습니다. 독자 운영체계의 강점과 관련해서는, 삼성전자도 많은 투자를 통해 자체 운영체계를 가지는 전략을 강화해 나갔습니다.

휴대폰, TV, 가전기기와 부품 간 제품 확대 기대

전자의 제품디바이스 포트폴리오는 이미 잘 구축되어 있었기에, 혁신플랫폼 과제는 이 모든 디바이스가 연결되기 위해 필요한 통신과 데이터 처리 기술 개발에 맞춰졌습니다. 개발자용 독자 IoT 플랫폼을 개발하여 많은 기기의 데이터 허브Hub 역할을 통해서 그 중요성을 인지하고, 전자 사업과 연계성을 갖고 추진하고자 했습니다.

Competition 통합형 플랫폼을 통한 차별화 전략

플랫폼은 반도체 기술을 이용하여 차별화할 수 있을 것으로 생각했습니다. 따라서 본사에 혁신 조직 중심으로 개발팀을 구성하고, 미국 혁신팀 내 소프트웨어 및 에코생태계와의 시너지를 통해서 경쟁력을 확보할 수 있으리라 확신하고 사업을 추진하게 되었습니다.

사업부별로 우수한 인력 파견, 전사 차원의 인력 공모를 통해서 반도체에 부족한 보안 등 소프트웨어 역량을 가진 인력을 보강했습니다. 이를 통해 빠른 시간에 체계적인 준비가 가능할 것이라 판단했습니다.

외부 역량 활용을 통해 어려움을 극복

초기 시제품을 만들어야 하는데, 반도체 칩 제작을 위해서 사업부와 협의한 결과 수익성 차원의 우선순위에 밀려서 내부In house 제작이 어려웠습니다. 결국 외부 업체를 통해서 진행하게 되었는데, 적은 양의 제품을 개발하다 보니 제품의 품질 관리, 고객 대응 등에서 안정화하는 데 시간이 걸렸습니다.

우여곡절을 다 겪고 고유 브랜드 '아틱Artik'이 탄생되었고, 본격 사업화를 결정했습니다. 아틱은 북극의 혹한 상황을 의미하는 단어 Arctic에서 따 온 것으로 최고에 다다르기 위한 삼성전자의 개발의지를 반영한 이름입니다. 극지방처럼 낮은 온도, 즉 저전압Low Power을 지향한다는 의미도 내포하고 있습니다.

미국의 팀 역량을 강화하기 위해 애플, 썬마이크로시스템즈 출신의 전문가를 섭외하고, 사업화를 위해 케이던스Cadence 관리자, 실리콘 랩스Silicon Labs 전무급 SVP을 사업화 팀장으로 영입했습니다. 본사 협의 등을 고려해서 전체 글로벌 사업 리더는 본사 부사장급에서 담당하기로 했습니다.

시리즈 본격 출시와 동시에 진행된 개발자 참여

목표는 모든 기기의 연결을 위해 '통신'과 '데이터 처리'가 가능한 통합형 혁신 플랫폼 제품 개발이었습니다. 개발 키트를 배포함으로써 개발자들이 아틱을 활용하여 빠르고 손쉽게 사물인터넷IoT 기기를 제품화할 수 있게 만들었습니다. 클라우드 기반, 그리고 USB를 이용해서 디버깅할 수 있는 점이 장점으로 평가되었습니다.

아틱을 통해 삼성전자의 제품들과 연동될 수 있는 디바이스를 개발하는 것은 미래 먹거리 창출과 연관되어 기대가 컸습니다. 단, 교육용으로 사용하기에는 고가인데다 콘텐츠가 많지 않은 점은 점차 개선해 나갈 계획이었습니다. 당시 인텔의 IoT사물인터넷 애플리케이션 제온 프로세서D-1700, D-2700는 임베디드 러기드Rugged 애플리케이션을 위한 서버급 컴퓨팅과 하드웨어 기반 보안, 높은 대역폭의 I/O를 제공하는 등 선도적인 위치에 있었습니다.

이에 아틱 보드710모델는 미세 기판 보드, 플랫폼 보드 등 3개의 보드에 지그비 ZIGBEE, 소형 및 저전력 디지털 라디오를 이용해 개인 통신망을 구성하여 통신하기 위한 표준 기술와 블루투스 와이파이를 위한 안테나가 하나Dipole로 작동하게 하여 인텔 대비 차별화 및 경쟁력을 가져 가고자 했습니다.

본격 사업화를 위해 사업부 이관에서 청산까지

아틱은 차별화를 위해서 저전력을 지향하는 IoT 플랫폼이자 하드웨어, 소프트웨어, 클라우드, 보안, 생태계 등을 포괄하는 통합 플랫폼으로 개발되어 경쟁력을 확보했습니다. 이후 사업화팀으로 승격, 사업을 본격적으로 추진하기 위해 아틱 플랫폼모듈 + 클라우드을 발표했고, 사업화 2세대 제품 개발 후 사업부를 이관하여 본격적으로 추진하고자 했습니다.

문제는 반도체에서 사물인터넷 사업을 시작할 초기부터 수익성 측면에서 이슈가 있었던 점이었습니다. 게다가 비메모리 사업의 특성상 소규모 제품의 생존

디지털 융복합Digital Convergence 시대의 디지털 기기 간 연결, 나아가 클라우드 연결까지 고려한 통합형 개발자 플랫폼, 아틱 출처 : 아틱 공개자료

을 위해서는 고가 제품으로 전사 차원의 경쟁력을 확보하는 것이 중요합니다. 혁신 조직에서 사업화 팀까지 만들고 에코 생태계를 만드는 데까지는 성공했으나, 사업화를 위한 성장성 및 수익성에 대한 도전을 극복하기 어려웠습니다.

개인적으로, 사업화 팀의 사업부 이관 당시 반도체 사업부보다는 전사 차원의 생활가전 사업부 등에서 담당했으면 어떠했을까 하는 생각을 해 봅니다. 여하튼 사물인터넷은 전사 차원에서 지속적으로 사업화해야 하는 분야로써, 반도체에서 혁신플랫폼 과제로 개발한 초소형 모듈 자산은 그 활용성이 클 것입니다.

결과적으로 아틱은 개발자가 빠르고 쉽게 사물인터넷 기기를 제품화할 수 있는 솔루션을 제공했다는 측면에서 높은 평가를 받았습니다.

2015년 시작하여 4년여간 약 100여 명의 인력들이 인텔보다 빠르게 생태계를 만들었고, 사업화까지 성공적으로 달성한 데에 큰 의미가 있습니다. 앞으로 인공지능과 관련하여 새로운 사업 기회를 모색할 필요가 있을 때, 그동안 사물 인터넷과 관련해 이뤄놓은 기술적 성과물 그리고 스타트업 등을 통해서 개발한 성과물을 활용할 수 있을 것입니다.

디지털 헬스 : 심밴드와 사미

개인의 건강을 중요하게 생각하는 시대,
사전예방차원의 데이터를 생성하고 관리할 수 있는 플랫폼

삼성전자는 정보통신 기술을 활용해 일상에서 효율적으로 건강을 관리하는 '디지털 헬스케어'를 차세대 신성장 동력으로 보았습니다. 반도체와 기술원차세대 연구소은 헬스 센서를 통해 우리 몸의 변화를 쉽고 간편하게 볼 수 있는 기술 개발을 생각했습니다.

이에 혁신 조직은 디지털 헬스 연구를 위해 헬스 4대 센서 개발을 목표로 삼았습니다. 이로써 인간의 많은 헬스 정보를 관리하고, 사전예방 차원의 건강상태 정보를 제공해 주는 혁신플랫폼 개발을 결정했습니다.

정보통신 기술 + 헬스 융합을 통한 사전예방의 중요성

2020년 1,520억 달러로 전망되었던 디지털 헬스 시장

디지털 헬스는 정보통신기술ICT과 건강·의료분야에 접목되어 활용하는 형태로, 기술의 진화와 더불어 시기별로 헬스 정보통신, e-헬스 등의 용어로 다르게 사용됩니다. 디지털 헬스의 분야를 좀 더 세분화하자면 모바일 헬스, 웨어러블 제품, 모바일 헬스 앱, 텔레 헬스케어로 구분할 수 있습니다.

2013년, 디지털 헬스 시장에서는 벤처 투자가 활발하게 추진되고 있었습니다. 무엇보다 미국은 보건의료 시스템과 관련해 정부 입장에서 심각한 위기의식을 갖고 있었는데, 2012년 총 GDP의 17%였던 의료비용 지출이 2023년에 23%로 증가할 것을 걱정하고 있었습니다. 유럽도 의료비용 충당에 대한 어려움을 겪기는 마찬가지였습니다.

모바일 헬스는 건강 또는 웰빙과 관련된 웨어러블 제품과 모바일 애플리케이션으로 구분됩니다. 웨어러블 제품 시장은 삼성전자, 애플, 샤오미, 화웨이, 핏빗이 전체 시장의 66.3% 점유율 보유하고 있습니다. 모바일 헬스 앱으로는 만성질환 관리, 건강&웰니스, 여성 건강, 투약 관리, 개인 건강관리PHR 등이 있습니다. 텔레 헬스케어는 원격의료, 원격진료, 원격 케어 등을 포함하는 용어로 미국 시장이 주도할 것으로 전망했습니다.

이에 과제 리더는 '의학medical적인 접근보다는 예방preventive 차원의 기술적인 해결solution을 찾아보는 것으로 시작'하기로 했습니다. 삼성전자는 기본적으로

웨어러블 제품에 헬스 앱 중심으로 사업을 전개하고 있었으므로, 실리콘밸리 혁신 조직과 기술원에서 헬스 센서를 통해 '사전예방' 차원의 센서 기술을 개발하여 디지털 헬스 혁신플랫폼 제품을 만들기로 했습니다.

참고로, '디지털 헬스'는 의료기기센서, 디바이스 등와 플랫폼웹, 애플리케이션 등을 활용하여 저장된 의료정보 데이터를 분석하고 정보를 제공하는 지식의 전달까지를 목표로 합니다. 그리고 '디지털 헬스케어'는 의료기기와 플랫폼에서 이뤄지는 지식의 전달에서 의학적인 자문 및 상담Medical Feedback이 이뤄지는 지식의 공유자로 정의합니다.

국내 산업자원부에서 발간한 자료에 의하면 디지털 헬스와 유사한 개념으로 스마트 헬스케어를 구분하고, 하드웨어는 개인 건강 및 웰니스 기기로 구분합니다. 하드웨어 중 개인 건강기기는 혈당 측정계, 혈압 측정계, 심전도 측정계, 요화학소변 분석계, 체성분·체지방 측정계, 기타로 구분됩니다.

Approach | ## 경쟁자, 고객 서비스 플랫폼 분석

디지털 헬스케어 분야의 경우, 모바일 기기 및 OS 시장을 주도하고 있는 애플과 삼성, 그리고 구글 모두 모바일 헬스케어를 차기 시장으로 생각하고 다양한 플랫폼을 내놓고 있었습니다.

애플은 헬스 키트Health kit에 피트니스를 더하여 진료 서비스 플랫폼을 제공하려고 했고, 구글은 구글핏Google fit을 통한 서비스 플랫폼 전략을 계획하고 있었

습니다.

삼성전자는 의료보다는 전자기기를 통한 사전예방 차원의 전략을 수립했고, 관련 전문기관과 협력을 통해서 역량을 강화해 나갔습니다. 예를 들어, 의료기관은 물론 웰닥WellDoc과 같은 당뇨관리 서비스부터 프리벤티브Preventive 같은 심장 모니터링 장비·서비스까지, 본격적인 의료 서비스 제공 회사들과 파트너십을 강화했습니다. 한 마디로 '스마트 워치부터 로봇까지, 소비자용 웨어러블 기기를 통해 단순한 개인 건강관리를 넘어 사회 보건에도 집중하겠다'언론 보도 내용는 의지였습니다.

실리콘밸리 혁신 조직의 역할은 심밴드Simband와 사미SAMI, Samsung Architecture For Multimodal Interface를 통해서 핵심 센서를 개발하는 것이었습니다. 갤럭시 워치 플랫폼에 연결하여 데이터를 측정, 클라우드에 연결해서 관리하는 첫 혁신플랫폼 제품을 개발하고자 했습니다.

Benefit 웨어러블 기기 + 헬스 센서 + 클라우드

혁신과제는 심밴드Simband 브랜드로 갤럭시 기어2처럼 손목시계 형태였습니다. 시계나 밴드 내부에 여러 센서를 내장하고 있고, 보행 수 등의 움직임뿐만 아니라 혈중 산소농도, 혈중 이산화탄소 수준, 심박 수, 하이드레이션수분 레벨, 피부 온도, 갈바닉 피부 반응 등을 측정할 수 있습니다. 심밴드에 내장되어 있는 센서를 통해 인체의 각종 생체 신호를 감지하고 수집해서 클라우드 시스템으로 전송, 이 데이터를 분석하는 개념의 구조로 되어 있습니다.

이처럼 4대 핵심 헬스 센서를 통해 사전예방의학 차원에서 환자의 건강 데이터를 분석하는 데 집중하고, 삼성전자 갤럭시 워치웨어러블 기기와 연계하여 고객의 데이터를 클라우드에서 관리하는 서비스까지 제공한다면 경쟁력이 있다 생각했습니다.

4개 센서 : 혈당, 혈압, 체지방, 콜레스테롤 집중 종합기술원과 협업, 역할을 구분하여 개발

- 혈당 센서(비침습) : 여러 가지 측정 방식이 있는데, 가시 및 근적외선을 포함한 광대역 내의 빛들이 피부를 통과했을 때 빛의 흡수, 반사 그리고 산란 특성을 이용해 포도당을 감지하는 센서

- 혈압 센서 : 심전도, 맥파 전달 시간, 산소 포화도 등의 수치를 기반으로 혈압을 측정하는 방식으로 센서를 사용

- 체지방 센서 : 파장이 다른 2종류의 방사선을 이용하여, 그 투과량으로 인체의 조성하는 값을 측정하는 방법. 즉, 지방이 전기를 통과시키지 못하고 전기저항이 높은 특성을 이용해 그 양을 측정

- 콜레스테롤 센서 : 혈액 속 포도당의 농도를 산화시키는 글루코스가 산화 효소와 만나 글루콘산으로 변하고, 과산화수소가 생성될 때 이 과산화수소에 의해 변하는 전기 신호를 검출하는 센서

Competition '헬스 센서 + 미국 병원' 공동 임상실험 검증

헬스 센서에 대한 차별화 기술을 개발하기 위해서는 하드웨어, 소프트웨어 경

험 개발자가 필요했습니다. 이를 초기 팀 구성 시에 우선적으로 고려했고, 당시 삼성전자 내 기술원에서 센서 관련 개발을 하고 있던 차라 공동협력을 통해 초기 개발을 빠르게 진행할 수 있었습니다. 최고경영자는 의료보다는 사전예방 차원 기술의 중요성을 강조하여 글로벌 파트너십을 강화하기로 했고, 미국 내 병원과의 협력을 통해 기술을 검증하는 계획을 세움으로써 새로운 분야이지만 경쟁력을 확보할 수 있으리라 확신했습니다.

애플 개발자 채용 시제품 개발 착수

애플 아이팟 개발자, 애플 시리 개발자, 의료기기 회사 메드트로닉의 엔지니어, 구글 소프트웨어 개발 책임자 등 전문가 중심으로 팀이 구성되었습니다. 그리고 벨기에 아이멕IMEC 연구소와 협력하여 센서를 개발했습니다. 이후 개발 제품에 대해서 전자 개발팀과 협력하여 스마트 워치를 기본 플랫폼으로 정하고, 핵심 센서 개발에 집중했습니다.

개방형 플랫폼Open Platform을 지향하고자 2014년 5월 보이스 오브 더 보디 Voice of the body 콘퍼런스에서 헬스케어 트래커인 심밴드와 운영체계OS 사미를 공개했습니다. 센서를 통해서 심장 박동수와 호흡, 혈압 등을 감지하고, 클라우드 소프트웨어 플랫폼인 사미를 통해 자료가 전송, 관리되는 형태였습니다. 다만, 이 두 제품은 개발자용으로 공개하고 판매는 하지 않았습니다.

2018년 심장 밴드 시제품 개발로 FDA 인증 확보

삼성전자는 갤럭시 워치 플랫폼에서 헬스 센서의 동작을 확인한 후 미국 대학 병원UCSF과 디지털 헬스 이노베이션 랩Digital Health Innovation Lab을 통해서 건강 센서, 클라우드 기반 분석 시스템 등 모바일 건강 분야와 관련된 분야의 연구를 진행했습니다. 그리고 이렇게 얻은 임상 실험 결과를 가지고 미국 식품의약국FDA 승인을 확보했습니다. 당시는 애플, 핏빗, 존슨 앤 존슨, 로슈, 베릴리, 타이드폴, 포스포러스, 피어 테라퓨틱스 등 9개 회사가 사전 인증 시범사업 기관으로 선정되었던 상황이라서 삼성전자의 FDA 승인은 상당히 의미 있는 성과였습니다.

애플의 헬스 플랫폼 대응 전략 차원에서 팀 이전

애플은 헬스 서비스 전략은 메디컬 데이터를 관리하는 플랫폼 사업과 사용자 건강 데이터 수집을 통한 사업화였습니다. 일례로, 웨어러블 헬스 키트Health kit의 경우 피트니스에 더하여 진료 서비스 플랫폼을 제공하려고 했습니다.

삼성 디지털 헬스 혁신팀은 2013년 시작하여 4~5년여 동안 약 20~30여 명의 인력들이 글로벌 파트너와 함께 초기 개발을 했고, 이후 미국 대학 병원을 통한 임상 실험 과정을 거쳐 식품의약국FDA 승인을 받는 것까지 반도체 사업부에서 담당했습니다. 이후 미국 내 세트 사업부 산하 연구소에 디지털 헬스 개발 과제 및 자산지적재산권 등을 이관하여 본격적으로 애플과 경쟁하기로 했습니다.

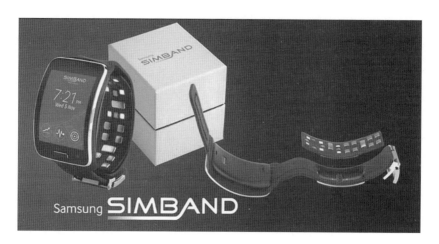

개인 건강 데이터를 저장 및 관리하는 플랫폼 사미와 더불어, 핵심 센서 개발을 통해서 사전예방하는 데 기능하는 심밴드(이미지는 오픈 레퍼런스 시제품) 출처 : 심밴드 공개자료

혁신 리더 사장은 '삼성전자 디지털 헬스 혁신플랫폼은 다양한 분야 전문가들에게 혁신적인 자가 건강관리가 가능한 제품을 업계 최초로 만드는 데 참여할 수 있는 흥미로운 기회를 제공할 것'이라고 강조했습니다

디지털 헬스와 관련해, 삼성전자가 보유하지 않은 역량에 대해서는 여러 가지 형태의 파트너십을 통해서 빠르게 해결하는 한편, 스타트업 투자를 통한 센서 기술 확보 등을 통해 미래의 새로운 사업 분야의 하나인 디지털 헬스 혁신플랫폼 개발을 추진해 나갔습니다.

자율주행차 : 드라이브라인

모바일 이후에 차세대 플랫폼은 자동차가 될 것으로 판단하고,
새롭게 집약된 기술로 만들어 낸 데이터 플랫폼

삼성전자는 2016년 자율주행 혁신플랫폼 개발, 엑시노스 오토ExynosAuto, 삼성의 차
량용 반도체 기반의 소프트웨어 모듈 개발 등을 통해서 미래 모빌리티 시장의 사업
가능성을 보았습니다. 이에 반도체 부문과 기술원은 전사 차원의 미래 사업 육
성 차원에서 라이다, 레이더, 카메라 등 센서와 부품 소프트웨어 개발을 추진했
습니다. 그리고 2017년 하만Harman 인수 후에는 전사 차원의 전장 사업팀과 협
력하여 전장 시스템을 개발했습니다. 이로써 글로벌 자동차 OEM 업체들과 협
력을 통해 부족한 역량을 보완하여 새로운 사업 기회를 가져갈 수 있다고 판단
했던 것입니다.

Needs · 포스트 모바일 플랫폼에 대한 기대

2025년 420억 달러, 고성장이 전망되는 시장

2017년 미국 라스베이거스 CES가전 쇼에서 느낀 것은, CES는 더 이상 가전 박
람회가 아니며 '자동차 전시회'로 변모되었다 해도 과언이 아닌 것이었습니
다. 그도 그럴 것이 벤츠, 도요타, 현대차 등의 제조업체는 물론 보쉬 등의 부품
업체, 삼성이 인수한 하만 등이 자동차용 정보 시스템 제품을 앞다퉈 소개했기
때문입니다. 이들은 하나같이 자동차가 단순 이동 수단을 넘어 '이동성Mobility'을

아우르는 개념으로 진화하며, 나아가 새로운 생활의 변화를 가져오리라 전망했습니다.

실제로 세계 각국은 자율주행 자동차 임시 운행 제도 시행과 자율주행 운행을 통해 자율주행차 시대를 준비하고 있습니다. 미국, 독일, 싱가포르 등에서는 레벨 3 이상 운행이 법적으로 가능한 상황입니다.

보스턴 컨설팅 그룹BCG은 자율주행 시장이 2025년에는 약 420억 달러, 2035년에는 770억 달러 규모로 성장할 것이며, 자율주행차가 세계 자동차 판매량의 25%를 차지하리라고 전망합니다.

과제 리더는 델 파이 오토모티브 기술 센터장 출신으로, 인포테인먼트 시스템 경험을 기반으로 지금이 앞으로의 변화에 대응할 적기라고 생각했습니다. 삼성전자도 미래 자율주행차 시장을 노린 '전장 사업' 준비를 시작했습니다.

자율주행의 정의 미국 NHTSA 기준

- 레벨 0 : 자동화 영역 제로 수준, 운전자가 모든 자동차 기능을 동작함
- 레벨 1 : 초보적 운전 작업의 자동화 수준, 적응식 정속주행 시스템이나 자동 긴급 정리 등이 자동화 영역에 해당. 차선 유지 지원 시스템 등 특정 기능의 자동화. 운전자의 두 손이 스티어링 휠에 놓여 있어야 함
- 레벨 2 : 조향 장치와 가속과 감속까지 시스템이 제어하는 수준, 운전자는 전방 주시를 해야 하며 어떤 상황이 발생하면 바로 운전을 직접 조절해야 함. 최근 고속도로에서 자율주행을 설정해 놓고 시험 주행하는 경우가 해당됨(현 수준)
- 레벨 3 : 운전 시 모니터링 수준이 시스템에서 관리하여 장애물을 감지함으로써 회피하고 길이 막히면 돌아가는 등 부분적으로 자율주행이 가능한 수준

- 레벨 4 : 복잡한 도심과 골목, 커브 등 돌발 상황이 예상되는 도로에서도 자율주행이 가능하도록 설계

- 레벨 5 : 사실상 무인자동차로 운전자의 개입이나 주의 등을 거의 요하지 않으며, 운전자 또한 탑승자 개념으로 완전 자동화

Approach | 자동차 업계의 개발 플랫폼과 전장 사업의 연관성

자동차 업계 및 서비스 업계는 자율주행과 관련해 본격적으로 투자에 나섰으며, 개발에 집중하고 있었습니다. 실리콘밸리에서는 테슬라가 대표적이며, 유럽의 자동차 OEM 업체들 또한 자체 시스템 개발 및 투자 등을 통해서 미래 준비에 박차를 가하기 시작한 차였습니다.

테슬라는 2015년 반#자율주행 시스템인 오토파일럿을 선보였으며, 2017년에는 미국 서부 LA에서 동부 뉴욕까지 4,800km를 횡단하는 자율주행 시험을 진행했습니다.

GM은 차량공유 서비스 업체인 리프트에 대한 투자, 자율주행 개발 스타트업인 크루즈 오토메이션Cruise Automation 인수 등 공격적 행보를 보이고 있습니다. 2017년에는 1,400만 달러를 투자하여 실리콘밸리 자율주행차 연구개발센터에서 자율주행 개발팀 주도로 관련 업체를 인수하는 등 플랫폼 전략을 추진했습니다.

BMW는 중국 바이두Baidu와 협력하여 2015년 자율주행차 기술을 성공적으로 시험했고, 2017년에는 인텔 모빌아이Intel mobileye와 함께 미국과 유럽에서 완

전 자율주행 기술이 적용된 BMW 7 시리즈 차량 약 40대를 시범 운행하고 있었습니다.

구글의 웨이모Waymo, 인텔, 애플 등 자율주행 관련 서비스 업계도 활발한 개발 및 투자를 하고 있었고, 개발인력 채용을 확대하고 있었습니다.

삼성전자는 자율주행차에 많은 기술이 적용되리란 판단 하에 이를 신규 사업 분야의 하나로 결정하고, 혁신 조직에서 파일럿 개념으로 플랫폼 과제를 진행을 하면서 신사업 기회를 찾았습니다. 2017년 하만 인수 후 전장 사업팀 중심으로 반도체, 디스플레이 등 관계사 간 시너지가 난 것이 사업성 확보 및 개발 초기에 도움이 되었습니다.

Benefit 전장사업 성장 기반을 구축할 기회

스마트 머신팀은 미래 자율주행 및 커넥티비티 기술과 관련해 자율주행 레벨 3부터 레벨 4, 레벨 5까지 가능하게 설계된 개방형 모듈식 자율주행 플랫폼은 물론이고 엔지니어링, 고성능 컴퓨팅, 센서 기술, 알고리즘, 인공지능 그리고 낮은 수준의 자율주행부터 레벨 5까지 가능한 확장형 클라우드 및 커넥티비티 솔루션 등을 지속적으로 개발함으로써 사업이 가능할 것으로 판단했습니다. 대표적인 것이 삼성의 독자 브랜드 드라이브라인DRVLINE 발표2018년 1월였습니다. 이는 삼성의 첫 자율주행 솔루션으로, 독일 BMW와 하만 간 개발 시너지 과제를 수행하는 등 활발한 개발을 위한 플랫폼이 되었습니다.

자율주행 전문가 + 삼성전자 기술 전문가의 시너지

자율주행차 분야 또한 새롭게 접근해야 하는 상황이었기에, 시스템을 잘 이해하고 경험 있는 전문가를 찾는 것이 중요했습니다. 이에 델파이 이노베이션 랩Delphi Innovation lab 장을 영입했고, 미국 및 한국 혁신팀에 센서 관련 전문인력을 보강함으로써 팀을 구성했습니다. 시스템 반도체 내 상품기획 전문인력도 같이 일하게 되어 새로운 분야이지만 주요 핵심기술 분야의 전문가를 통해 경쟁력을 확보할 수 있으리란 확신을 가질 수 있었습니다.

본격적인 자율주행 플랫폼 개발

초기 자율주행 연구는 자율주행 플랫폼 개발, 엑시노스 오토ExynosAuto 8 기반의 소프트웨어 모듈 평가 완료에 주력했습니다. 자동차 업체와 모빌리티 서비스 업체가 각자 필요에 맞춰 자율주행의 주요 요소인 라이다, 레이더, 카메라 등 센서와 부품, 소프트웨어를 선택했고 아룰 자동차와 서비스에 적용할 수 있었습니다.

드라이브라인 플랫폼은 자동차 업체와 모빌리티 서비스 업체가 필요에 따라 라이더, 레이더, 카메라 등의 센서와 부품, 소프트웨어 등을 선택할 수 있도록 모듈화한 자율주행 솔루션입니다. 개방적일 뿐 아니라 확장성을 지닌 모듈화 방식이라고 표현할 수 있겠습니다.

전장 사업 강화와 자율주행 면허 획득

하만 인수 후 전사 차원의 전장 사업팀과 협력하여 전장 시스템 개발을 통해 자동차 OEM 업체 BMW와 함께 미국 CES에서 개발 플랫폼을 발표하는 등 전략적 협력을 추진했습니다. 하만과의 공동 진행으로 발전된 ADAS 시스템은 카메라를 이용해 차선 이탈 경고, 전방 충돌 경고, 보행자 감지, 긴급 자동 제동과 같이 앞으로 적용될 미국의 신차 평가 프로그램 기준들을 만족시킬 수 있도록 했습니다.

공개된 드라이브라인 솔루션에는 삼성전자의 최신 인공지능 알고리즘 등 기술과 부품이 적용되었으며, 미국 자동차공학회SAE가 분류한 자율주행 기준 레벨 1에서 5까지의 단계 중 3~5까지의 자율주행 수준 구현을 목표로 했습니다.

혁신 사장은 "미래 자동차는 이동 방식을 바꾸는 것에 그치는 것이 아니라 우리가 거니는 거리와 사회를 혁신적으로 바꿔놓을 것이다"라고 말하며, 삼성전자는 "드라이브라인 플랫폼으로 관련 업계와 새로운 주행 경험을 제공할 수 있도록 노력하겠다"라고 발표했습니다.

이처럼 2016년에 시작한 혁신플랫폼을 통해, 약 50~60여 명의 인력들이 자율주행 사업을 미래 먹거리 가운데 하나로 육성해 왔습니다. 특히 자율주행 실험을 위해서 차량 4대를 자체 개발해 전자업체 최초로 자율주행 시범 운행 면허를 받았습니다.

디지털 모빌리티 변화에 개발자 함께하는 개방형 개발자 플랫폼, 드라이브라인 로고(왼쪽) 출처 : 드라이브라인 공개자료 하만 인수 후 2018년 CES에서 선보인 ADAS 적용 대시보드 디자인(오른쪽) 출처 : 하만 홈페이지

사업부 이관 후 플랫폼 개발팀 해체

이후 혁신플랫폼 과제를 지속 개발하기 위해서 시스템LSI 사업부 산하로 팀을 이전했습니다. 완전 자율주행 수준인 4~5단계까지 개발이 지연되고, 시장도 2027년경 이후로 전망하는 가운데, 개발을 지속하기는 어렵다 판단한 것입니다. 결국 개발팀은 해체하고 요소 기술이 되는 부분은 연구소에서 일부 연구를 하는 것으로 결정했습니다.

개발팀은 해체됐으나, 전략적 투자는 계속하면서 시장이 본격화되는 시점에 조기 재개하기 위한 대응을 지속하고 있습니다.

03

실리콘밸리에 가면
소통 문화를 배워라

여정의 순간 **3**

글로벌 파트너십을 구축하기 위해,
실리콘밸리 웨이way를 가다

:: 주요 내용 ::

글로벌 파트너십, 수평적 소통, 5단계 혁신 프로세스,
빠른 의사결정, 혁신을 위한 전용 펀드 조성

지난 10여 년간의 혁신 활동으로, 어떤 리더를 통해서 무엇을 할지가 매우 중요함을 알게 되었습니다. 여기에 더하여, 방법론적으로 실리콘밸리식의 소통 방식을 익히는 것도 중요합니다. 이는 실리콘밸리에 방문하는 많은 경제, 학계, 정계의 주요한 위치 계신 분들이 한결같이 문의하시는 '국내 중소기업 및 스타트업 육성 차원에서 어떻게 하면 경쟁력을 확보할 수 있는지'와도 관련성이 있습니다.

실리콘밸리의 문화를 한국에 접목하려면

많은 분들이 이렇게 묻습니다.

"실리콘밸리의 기업 문화는 왜 창의적이고, 어떻게 수많은 혁신을 선도하고 있는 것인가?"

"기업 방문을 통해서 국내 중소기업 및 스타트업 육성에 관한 교훈힌트을 얻을 수 있을 것인지?"

"기술, 투자, 제도 등에서 차별화된 점이 무엇인지?"

이런 질문을 받으면 혁신 조직 리더는 직접 자료를 설명하고 질의 응답을 통해 이야기를 나누곤 합니다. 그 과정에서 문화적인 차이가 있음을 공감하다 보면 실리콘밸리의 성공 요인 중 하나가 보입니다. 즉, '생태계를 같이 만들어 가는 것이 중요하며, 소통 방식을 현지화하는 것이 강점'이라는 것입니다.

실리콘밸리에서의 혁신 활동은 실제로 아래 5가지 현지 방식을 최대한 접목하여 추진되었습니다.

5가지 실리콘밸리 방식

- 글로벌 파트너와의 소통 : 실리콘밸리에서 시작한 혁신의 길을 글로벌로 확대하여 국가별 산업의 특성을 이해하고 우수한 인력을 활용해 레버리지지렛대 효과를 기대
- 개발자와 수평적 소통 : 산업 생태계의 많은 개발자와 함께하는 소통의 시간은 혁신 시작에 있어서 필수적인 과정. 개발자와 투자자의 참여 등을 통하여 얻을 수 있는 전문적 견해와 인사이트는 혁신을 전개하는 데 있어 절대적인 힘
- 5단계 혁신 전문가와 소통 : 스타트업 문화가 성숙된 실리콘밸리는 5단계의 과정을

통하여 성공 DNA를 진화시키므로 5단계, 즉 기술·검증·생태계 구축·투자·상장
IPO, 기업공개 등 단계별 전문가와의 소통을 통해 전문성을 확보하는 것이 필요

- 내부 효율적 의사소통 : 상명하달Waterfall식의 의사결정보다는 글로벌 환경 변화에
  빠르게 대응하기 위한 애자일 경영, 피봇 결정, 원페이지 제안 등이 적합
- 투자자 신뢰에 바탕한 소통 : 혁신의 성공을 위해서는 스타트업 기업과 투자자 간의
  신뢰가 중요, 성공적인 결과를 만들어 가는 과정에서 협조자Stepstone 역할

실리콘밸리 웨이 ❶ 글로벌 파트너와의 소통

실리콘밸리는 기업가 정신을 배울 수 있는 '마법의 성' 같은 곳입니다.

혁신 사장과 함께 미국 사무실에 근무하면서 혁신을 배울 기회가 있었습니다. 저는 실리콘밸리 샌드 힐 로드의 현지 사장실 바로 옆방에서 근무했습니다. 한국에 있는 임원들은 부러워할 만한 상황이었지만, 실제로 근무하다 보니 매 순간 '질문에 대답해야 하는 비상 대기' 자리라는 걸 깨닫게 되었고 중압감 또한 컸습니다.

예를 들면, 본사의 의사결정을 필요로 하는 내용에 대해 바로 확인을 요청받았을 경우, 처음에는 미국과 한국의 시차가 있어 "죄송합니다, 본사 출근 시간에 확인해서 말씀드리겠습니다"라고 양해를 구했습니다. 그러나 시간이 지나면서 본사 회신이 늦어지며 이것이 큰 부담이 되었고, 회의에서는 본사 대응을 바로 확인하지 못한 것에 대해서 질책을 받았습니다. 그러나 본사에서 근무했을 때

도 비슷한 경험이 있었기에 시간이 걸리더라도 해결점을 찾아내는 방법을 택했습니다.

매 순간 긴장하면서 일했지만, 여러 가지 배운 점이 많았습니다. 그중에서도 인상적인 것은 무슨 일을 할 때 접근하는 방식에 있어서 본사에서 근무할 때와 많이 달랐던 점입니다. 혁신 조직은 소규모로 미션을 추진해야 하므로 리소스 인력, 예산 활용 면에서 제한이 있기 때문입니다.

일례로 정보에 대한 접근 방식부터 다릅니다. 실리콘밸리에서는 매일 수많은 새로운 정보가 만들어집니다. 그중 어떤 정보가 얼마나 가치 있는지에 대해서 빠르게 전문가와 협의를 통해 확인해 나갑니다. 또한 대부분 개인 생활의 균형을 중요하게 생각하지만, 일에 있어서 필요한 상황이 생길 시에는 아침, 점심, 저녁 시간을 과감하게 투자한다는 점도 눈여겨볼만합니다. 매주 임원회의, 그리고 2~3개월에 한 번 하는 직원 전체회의All Hands Meeting에서 혁신 사장은 '혁신 업무에 임할 때, 아침에 일어나서 새로운 일에 대한 기대감이 생겨서 출근하고 싶은 마음이 있어야 한다'고 강조했습니다.

"출근이 기다려지는 흥분이 없다면, 여기에서 일할 필요가 없습니다."

사장 비서실은 매일같이 미팅을 위해서 연락을 하고, 확인하고, 일정을 만들어 보고하고, 확정합니다. 그 과정이 마치 전쟁터 같았습니다. 순간순간 효율을 생각을 하면서 솔루션을 찾아내지 않으면 성공하기 어려운 긴장 연속입니다. '실리콘밸리의 성공, 사장실의 마법의 성은 24/7하루 24시간 주 7일, 즉 연중무휴의 글로벌 네트워크과 연결된 시계'라고 표현해도 무방할 것입니다.

실리콘밸리에서 혁신 일을 하게 되면 산업 기반이 잘 구축되어 있고, 전문가가 많아서 채용 또는 전문가 초빙을 통해 의견을 들을 수 있다는 장점이 있습니다. 그 전문가들의 영역은 미국 정보에 한정되어 있지 않습니다. 글로벌 네트워크를 이용하여 솔루션을 찾아오곤 합니다. 혁신 조직 내에 글로벌 리더들은 네트워크를 통해서 필요 인력을 채용하고, 전문가 네트워크를 활용하여 개발 및 전략 방향을 빠르게 찾아갑니다. 국적은 미국인이지만 고국은 다양합니다. 즉, 일하는 곳은 미국이지만 학교와 첫 회사 경험은 각기 다릅니다. 이 같은 다양성 속에서 글로벌 네트워크가 만들어집니다.

혁신 조직 내 리더들은 석박사 학위 이상 출신의 한국, 미국, 이스라엘, 프랑스, 독일, 중국, 일본, 인도, 영국, 스위스, 스페인, 대만 등으로 구성된 글로벌 팀이었습니다.

글로벌 파트너십을 통한 혁신

국내 사업부 개발조직에서 새로운 아이디어를 필요로 할 때는 국내외 우수대학 및 연구기관과 공동개발 협력 프로젝트를 통해서 부족한 역량을 보완하고 개발하는 일이 많습니다. 혁신 조직에서도 개발 프로젝트 진행할 때에 같은 방식으로 진행하는데, 단기적으로 계약하고 성과물을 만들어 내야 하므로 늘 쉽지 않았습니다.

혁신 조직에서 하는 일과 관련해 글로벌 파트너를 찾는 과정에서 배운 것이 있습니다. '최적의 협력 파트너를 찾아 해결방안을 찾아가는 길이 혁신의 생명'

이라는 것입니다.

혁신플랫폼 과제 선정, 추진 과정에 대해서 정리한 것 중 방법론적인 내용 5가지를 정리해 보았습니다.

실리콘밸리에서 최적의 글로벌 협력 파트너를 찾는 5가지 방법

- 글로벌 연구기관과 개발자 공동 협력

- 스타트업 액셀러레이션

- 대학 내 스타트업 통한 다양한 전문성 활용

- 대학과 벤처캐피털 협력 통한 스타트업 지원

- 글로벌 스타트업 기술 경연 활성화 기여

지금부터 소개하는 파트너들은 혁신과제 및 스타트업 투자를 추진하며 다양한 솔루션을 통해 협력한 사례입니다.

- 벨기에 아이멕IMEC 연구소 : 개발자와 함께하는 연구소

- 이스라엘 텔아비브Tel Aviv : 정부와 벤처 케피털의 힘으로 액셀러레이션

- 스위스 로잔공대EPFL : 대학 내 산학연 협력 스타트업 센터

- 영국 캠브리지Cambridge 대학 : 대학과 벤처캐피털 협력 혁신 클러스터

- 프랑스 기술 경연 '테크 포 굿Tech for Good' : 정부 지원 스타트업 기술로 글로벌 이슈 해결

벨기에 아이멕 연구소

반도체 1나노 차세대 기술 연구, 센서 기술 등 유럽 내 다국적 엔지니어들이 모여 있는 종합연구소

벨기에 아이멕IMEC, Interuniversity Microelectronics Center 연구소는 1984년, 벨기에 루
븐Leuven시 KULKatholleke niversiteit Leuven 대학 캠퍼스 내 비영리 반도체 연구소로
시작되었습니다. 처음에는 북유럽의 공동 연구를 위한 기관이었으나 최근에는
글로벌 협력 연구로 확대 운영 중정부 지원 시스템입니다. 실리콘 공정 및 소자, 설계
및 통신 시스템 등 여러 가지 나노, 디지털 기술이 핵심 분야입니다.

벤처 인큐베이터인 아이멕 아이스타트Imec.istart를 통해 활발하게 산학협동 연
계 지원을 하고 있었습니다. 혁신 조직에서 아이멕과 협력 과제를 진행하기 전
부터, 본사에 근무할 당시 장기적인 연구과제 진행을 위해 협약했던 기억이 있
는 연구소입니다.

아이멕과 글로벌 기업들과의 협력은 주로 반도체 업체를 중심으로 이뤄집니
다. 인텔, 삼성전자, SK하이닉스, TSMC 등 세계 굴지의 업체들이 이 연구소와
협약을 맺어 연구를 진행했습니다. 주로 나노, 디지털 기술 분야에서 확실히 강
점을 보유하고 있으며 공동개발과 주요 기술 라이센싱Licensing 등 장기 계약을 통
해 기술 노하우 및 우수 인력과 과제 협력을 진행합니다.

혁신 조직 사장과 과제 책임자가 수도 브뤼셀에서 자동차로 30분 정도 거리
에 위치한 연구소를 방문했는데, 오랜 전통이 묻어나는 건물이었습니다. 우수
한 연구 인력들의 기초 과학분야 전문성 및 자부심이 대단했다고 했다는 전언

1984년 설립된 벨기에 아이멕 연구소, 5천여 명의 연구원이 근무하고 있다. 연구소 전경(왼쪽). 혁신조직
과의 협력을 통해 만들어진 심밴드 센서 개발 시제품(오른쪽) 출처 : 삼성 반도체 공개자료

입니다.

반도체 기초기술 중 광학센서 기술 보유하고 있어, 혁신과제 중 하나인 디지털 헬스 과제의 핵심기술 중 하나인 센서 개발 협약을 체결했습니다. '센서 기초·응용 기술을 통한 디지털 헬스 과제 개발자와의 협업'을 이뤄낸 것입니다. 이 기술은 나중에 4대 핵심 센서, 즉 혈압·혈당·체지방·콜레스테롤을 집중적으로 연구하는 데 근간이 되어 여러 가지 센서 구현 방식 중에서도 아이멕 보유 기술을 통해 구현됐습니다.

산학협력을 기반으로 운영되는 아이멕은 실용적인 기술을 보유하고 있는 것은 물론, 글로벌 기업과 협력에 있어서 상호 우호적인 정책을 갖고 있습니다. 이는 초기에 협력 파트너로 선정하여 운영하는 데 있어서 이점이 있었습니다.

유럽은 국가별로 특이성이 있고, 협력을 통해서 발생한 기술 소유권에 대한 분쟁이 발생한 적도 있습니다. 아이멕과의 협력은 그런 측면에서 상호 협력적으로 잘 진행되었습니다. 특히 공동개발 과제를 협력하는 것 이외에도 연구원들과 수시로 문제 해결을 해나갈 수 있어 혁신과제 수행에 큰 도움을 받았습니다. 단지 '기초 연구 활용성' 측면 및 해당 과제에 대한 연구 활동 공유하는 것을 넘어, 디지털 헬스 센서 과제 추진 시에 기술에 대한 노하우 그리고 오랜 연구 활동을 통해 해결해 온 다른 연구분야에 적용했던 경험 및 자료를 이용해 문제 해결을 해나갔던 것입니다. 그 모습을 보며 '왜 이런 오래된 종합 연구소와 협력해야 하는지'를 절감했습니다.

아이멕은 반도체 설계부터 공정, 소자, 시험 제작 등을 연구하는 데, 최근에는 통신, 헬스케어, 에너지 등으로 그 분야를 확대하고 있습니다. 5천여 명의 인력이 약 100개국과 공동연구를 하고 있는 기술 자산이 풍부한 연구소입니다.

이스라엘 텔아비브 액셀러레이터

도시가 벤처 생태계를 위해서 만들어진 '벤처 성지'. 이스라엘의 약 천여 개 벤처캐피탈을 중심으로 정부 기관과 협력, 스타트업 지원 강화

이스라엘에는 스타트업들이 국가, 연구기관, 벤처캐피탈vc 등을 통해서 지원받을 수 있는 시스템이 잘 구축이 되어 있음을 이미 여러 차례 언급했습니다. 그렇다면 혁신 조직은 텔아이브에서 어떻게 일했는지, 그 내용을 정리해 보겠습니다.

요즈마 그룹은 국내에도 잘 알려져 있는 현지 벤처캐피탈입니다. 2014년 혁

신 성지라 할 이스라엘의 요즈마 그룹 회장을 한국에 초청하여 창업 국가 이스라엘에 대한 설명을 들었는데, 그는 '창업 생태계의 글로벌 마인드'가 중요함을 강조했습니다.

이스라엘 지역 중 북동쪽에 위치한 텔아비브Tel Aviv 대학은 가장 크고 권위있는 대학으로, 340개의 리서치 센터와 400여 개의 랩Lab을 가지고 있습니다. 이스라엘의 스타트업 생태계는 텔아비브를 중심으로 활발하게 움직이고 있습니다. 예로 들어, 더 라이브러리The Library는 정부가 운영하는 비영리 액셀러레이터 Accelerator로 스타트업이라면 누구나 이용 가능하고 전문가 멘토링, 네트워킹, 그리고 투자자에게 피칭할 수 있는 기회를 제공합니다.

삼성전자는 2007년에 이스라엘 회사 트랜스칩을 인수하여 휴대폰에 들어가는 이미지 센서 개발 연구소를 운영하고 있었습니다. 이는 현재까지도 삼성전자가 이미지 센서 시장에서 경쟁력을 갖는 데 도움을 주었습니다.

혁신 조직의 리더경영진들과 함께 현지 벤처캐피털 사무실에서 스타트업 미팅을 진행했습니다. 당시 센서 회사들의 기술 발전이 눈에 띄게 많이 보였는데, 그중 한 회사에 투자했습니다. 투자한 회사의 기술을 액셀러레이션을 통해서 빠르게 검증할 수 있도록 도움을 주기로 했습니다.

이에 삼성전자 이스라엘 연구소 내에 액셀러레이터 랩을 신설하여 운영했습니다. 초기에는 '디지털 헬스 센서 개발'이 목적이었고, 나중에 반도체 사업과 관련된 센서 스타트업 투자 측면으로도 확장되었습니다.

삼성전자 혁신팀 내에는 기업형 벤처캐피털cvc 운영 경험자가 많습니다. 그중에서도 미국, 유럽까지 포함해서 전체 투자 포트폴리오를 운영하는 책임자는 이스라엘 출신으로 투자 결정 및 성과 도출에 있어서 전문가입니다.

텔아비브는 창업 생태계가 잘 구축되어 있고, 크지 않은 도시에 많은 기업과 대학, 투자자가 밀집되어 창업 네트워크가 효율적입니다. 이 네트워크를 최대로 활용하여 투자 업체 발굴 및 투자 결정으로 만들어 가는 과정에서의 성공률을 보면 다른 나라에 비해서 '액셀러레이션 방법 및 인프라가 남다르다' 생각됩니다.

최근에는 국내에서도 글로벌 기업 투자가 증가되는 추세입니다. 현지 벤처캐피털vc과의 협력을 통해서 글로벌 네트워크를 활용하면, 실리콘밸리에서 기업을 상장하기 전 최적의 전초기지 역할을 할 수 있으리라 판단됩니다.

스위스 로잔공대 내 벤처 기업과의 협업

정밀기계 시계 산업 기반 '유럽의 MIT'. 창업육성센터 라 포르주(La Forge, 프랑스어로 대장간)에서 스타트업의 아이디어가 사업으로 연결되도록 지원

스위스는 아름다운 호수와 산이 많은 곳이고, 또 하나는 유명한 시계 브랜드를 갖고 있을 만큼 초정밀 기계 관련 기술력이 뛰어납니다. 로잔연방공과대학교EPFL는 우수한 공학자와 과학자를 양성하며 스위스 과학 기술의 중추 역할을 하고 있습니다. 이를 통해 초정밀 기계 관련 산업이 발전하고 있었고, 스위스의

1969년 설립된 스위스 로잔공대EPFL 전경, 뒤편으로 레만호수가 펼쳐져 있다

이공계의 원동력은 산학연계 프로그램을 통해서 이루어지고 있음을 알 수 있었습니다.

첫 방문은 반도체 전문가 미팅, 대학 내 벤처 동에 위치한 스타트업의 기술혁신 활동을 확인하기 위한 목적으로 이뤄졌습니다. 로잔공대는 유럽의 MIT로 불리며 컴퓨터 전자공학, 에너지, 환경 분야의 명성 있는 대학으로, 이미지 처리 분야, 에너지 분야 등에 있어 세계 최고의 학자를 보유하고 있습니다.

스위스 로잔공대에는 응용과학 특화대학 내에 연구실이 대거 입주한 형태의 '이노베이션 스퀘어와 사이언스 파크'가 있습니다. 대학과 스타트업 간 산학 협력이 잘 구축돼 있는데 이노베이션 스퀘어에는 시스코 등 11개 글로벌 기업의 1천여 명이 입주해 있고, 그 옆 사이언스 파크에는 학생들이 시작한 벤처기업 100여 곳이 자리하고 있습니다. 그 자체로 젊고 우수한 인력을 통해 액셀러레이션 할 수 있는 환경이 잘 조성되어 있다 할 것입니다. 그리고 투자 유치 등을 위한 기술 경영 컨설팅 등을 통해 스타트업 성장에 도움을 주고 있었습니다.

혁신팀은 이노베이션 스퀘어에 입주한 센서 스타트업과 협업을 결정했습니다. 이노베이션 스퀘어와 사이언스 파크를 방문하여, 이미지 센서 관련 스타트업과 미팅을 통해서 투자 후 개발 진행사항을 확인하고, 향후 주요 일정Milestone 확인 및 추가 펀딩 필요 시기 등에 대해서 협의했습니다. 건물 내 입주 기업들이 활동하는 것을 보니, 로잔공대가 혁신기술의 중심 역할을 하며 기술적으로 잘 지원하여 성과를 만들어 가고 있음에 확신이 들었습니다. 이에 추가 투자를 지속적으로 검토하고 있습니다.

스위스는 중립 국가로 다양한 국가와 기업의 인재를 흡수하기 위한 지원 체계가 잘 되어 있습니다. 특히나 로잔 공대와의 협력은 산학협력 및 스타트업 투자 유치에 적극적이고, 지원 조건 또한 좋습니다. 스탠퍼드 대학 등 해외 우수대학의 교수들도 로잔공대에서 안식년을 보내면서 실리콘밸리와 다른 형태의 혁신 생태계에 대해서 관심 있게 연구하고 있었습니다.

이후에 스위스 네슬레와도 협력 가능 분야를 발굴하여, 삼성전자 가전 사업부와 공동협력 지원을 했습니다. 네슬레는 임원 90%가 외국인, 매출 90% 해외 사업인 개방형 혁신 기업입니다.

혁신 조직의 역할이 글로벌 혁신과 연결하여 새로운 기술을 변혁revolution을 통해 게임체인저를 찾는 것인데, 글로벌 기업과 투자자들은 그런 면에서 로잔공대가 추구하는 개방형 이노베이션을 관심 있게 보고 있습니다.

영국 캠브리지 클러스터 중심의 기업 유치

70여 명의 노벨상을 배출한 뿌리가 있는 단단한 혁신 집단. 아이작 뉴턴, 찰스 다윈, 스티븐 호킹 등을
배출한 대학 출신답게 약 2천여 개의 첨단 기업이 입주

영국의 캠브리지 대학이하 캠브리지은 자연과학, 물리화학 분야에서 많은 혁신적인 기술 발전을 주도해 왔습니다. 단일 대학으로 유일하게 76명 노벨상 수상자를 배출했고, 캠브리지 카운티 타운은 31개의 칼리지가 자리 잡은 대학도시로 혁신 클러스터가 단단하게 형성이 되어 있습니다. 시내의 테크노폴Techno Pole, 첨단 기술 클러스터로 4차 산업의 중심지를 의미에는 소규모 첨단 기업이 다수 모여 있고, 역사적인 도시 환경 보호 차원에서도 혁신 활동을 활발하게 진행하고 있습니다.

캠브리지에는 2018년 기준 약 4,500여 개 이상의 첨단 기술 기업이 존재하며 7만 5천여 명이 고용되어 있습니다. 영국의 대표기업인 ARM사가 위치한 곳이기도 합니다. 혁신 조직 사장은 ARM사의 보드 멤버Board Member로 여러 해 동안 활동해 와서 영국 내 혁신기술 인프라에 대해서 잘 알고 있었습니다.

캠브리지 내 혁신센터는 컴퓨터·정보통신, 바이오 의약, 에너지, 소재 분야 등에서 활동하고 있습니다. 입주기업들에 인큐베이션 공간 제공, 기업 멘토, 유럽 기술 시장에 진입 촉진 도움을 주며, 스타트업의 액셀러레이션 지원 시스템 또한 잘 구축되어 있습니다. 글로벌 기업 애플의 인공지능 서비스 시리 연구팀, 아마존 드론 디자인 팀, 마이크로소프트의 AI 전용 반도체 설계회사 등 인재들이 이곳으로 몰려들고 있습니다.

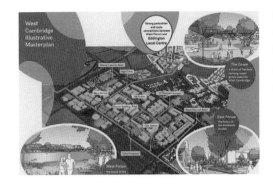

캠브리지 캠퍼스 내 창업 클러스터. 혁신 조직은 영국 캠브리지 현지의 벤처 캐피털과 투자 협력을 통해 우수 스타트업을 발굴 후 투자한 바 있다.

출처 : 캠브리지 대학 홈페이지

이곳에서 삼성전자는 캠브리지 인공지능 연구소를 운영 중이며, 캠브리지 대학 머신러닝 그룹과도 인공지능 분야 협력 중입니다. 혁신 조직은 캠브리지의 장점을 어떻게든 활용해야겠다고 생각하게 되었습니다.

혁신 조직의 리더와 함께 캠브리지 캠퍼스에 도착하여 학교 및 현지 투자 전문가들과 미팅을 하기 전, 캠퍼스 투어를 진행했습니다. 그때 정말 운이 좋게도 종의 기원을 저술한 '찰스 다윈의 방'에 들어가 볼 수 있었습니다. 책상, 책장, 침대만이 겨우 놓여 있는 이 좁은 공간에서 그가 어떻게 진화론에 대한 엄청난 연구를 할 수 있었을지 생각해 보았습니다. 다윈과 관련된 많은 책에서 언급된 바, 그는 독서와 지인들과 많은 서신 교류를 지속적으로 했다고 합니다. 역시 '혁신의 기본은 전문가들과의 끊임없는 교류를 통해서 기회를 발굴'하는 것이 아닐까 하는 생각이 들었습니다.

곧이어 캠브리지 캠퍼스 내 전자 IT 분야 전문 벤처캐피털을 방문하여 투자 생태계를 이해하고 소프트웨어 관련 투자 포트폴리오에 대한 설명을 들었습니다. 이후 혁신 조직 내 투자부서에서 투자를 했으며, 지금도 혁신 조직은 현지 벤처캐피털vc과 지속적으로 협력하며 투자 포트폴리오 리뷰를 통해 투자 기회 모색하고 있습니다. 특히 컴퓨팅과 인공지능 분야 투자에 집중하는 중입니다.

캠브리지 클러스터 내 대학·기업·혁신 센터·벤처캐피털 간 연계된 단단한 스타트업 생태계를 투자 기회로 활용하고자 하는 글로벌 기업들이 늘어나고 있습니다. 이 같은 추세를 고려해서 이곳 생태계의 변화에 주목해야 할 것입니다.

글로벌 스타트업 기술 경연

혁신기술 동향을 한 눈에 볼 수 있는 프랑스 비바 테크, 테크 포 굿. 창업가에게 매력적인 창의적인 환경을 정부와 기업, 스타트업이 공동으로 구축하는 현장 속으로

2018년, 프랑스에서는 마크롱 정부 주도로 경제성장을 위한 많은 활동이 이뤄졌습니다. 그 일환으로 기술이 사회에 공헌하는 형태의 국가 발전 모델이 운영 중에 있습니다. 스타트업 기업의 생태계 활성화 지원 차원의 첨단 기술 경연 등을 활용하는 것인데, 매년 개최되는 비바 테크Viva Tech 행사가 대표적입니다. 글로벌 스타트업, 인큐베이터, 액셀러레이터, 기업, 기관 및 비영리기관이 참여하고 있습니다.

혁신 조직의 프랑스 내 전략 센싱 담당자는 프랑스 내 많은 스타트업들의 기술을 한 눈에 볼 수 있는 기회에 삼성전자도 참여하기를 끊임없이 요청하고 설

세상을 개선하는 디지털 기술에 상을 수여하는 테크 포 굿 어워즈 출처 : 테크 포 굿 어워즈 홈페이지

득해 왔습니다. 결국에는 참여를 결정하고, 당시 혁신 조직 내 혁신플랫폼 과제를 삼성전자 프랑스 법인 통해 소개하면서 현지 정부 및 투자자와 연결하게 되었습니다.

매년 5~6월 열리는 글로벌 투자 최종 경연 행사의 하나인 비바 테크의 테크 포 굿Tech for Good과 XTCExtream Tech Challenge를 통해서 혁신 리더는 우수 글로벌 스타트업을 심사하고, 선정 발굴된 기업에 대해 투자 펀드 및 기술 지원 등 기회를 제공하고 있습니다. XTC는 비영리단체 활동으로, 스타트업 발굴 및 글로벌 이슈UN 17 issues가 포함된 기술을 통한 국제사회 기여를 목적으로 매년 운영되고 있습니다. 미국 주요 기업들과 국내 삼성전자가 스폰서로 참여하고 있습니다.

한국에서는 기술 경연 대회를 매일경제 주관으로 운영했습니다.

삼성전자는 비바 테크에 기술을 전시하는 것은 물론, 혁신 조직 내 초기 단계 Early stage 벤처 투자 목적의 펀드를 운영하는 팀이 스타트업 투자 심사를 통해서 멘토 역할을 하고, 필요 기술에 대해서는 투자하면서 지속적으로 동향을 파악하고 있습니다.

실리콘밸리 웨이 ❷ 개발자와 수평적 소통

실리콘밸리 내 창의적인 문화의 특징 중 하나는 개발자 간에 '소통'이 상하좌우 360도 수시로 이루어지고 있다는 것입니다. 특히 혁신 조직에서 시제품pilot을 공개했던 시점에는 글로벌 현지의 '개발자 공개 포럼Open Forum'을 통해 생태계 전반에 대한 피드백을 외부 개발자를 통해서 직접 듣고 그 내용을 반영하여 발전시켜 나갔습니다.

미국 내에서 열리는 콘퍼런스만 100여 개에 이르는데, 그야말로 기술 경쟁력 홍보 전쟁터라 할 수 있습니다. 혁신과제의 경우 개발과정에서 공개되는 제품이 생태계에서 생존할 수 있을지, 그에 대한 의견을 듣는 것은 중요한 방향 지표가 됩니다. 많은 개발자들과 매일 같이 나누는 대화 속에서 기술의 혁신과 더불어, 같이 해 나가는 힘이 느껴집니다.

이처럼 실리콘밸리의 기업들은 '개방형Open 플랫폼' 전략으로 외부 개발자의 참여를 유도하고, 그들의 아이디어를 접목하여 사용자 입장에서 더욱 편리하고 유용하게 사용될 수 있도록 합니다. 어느 특정 회사 내부에서 제품을 개발하더라도 시장과 고객의 요구사항을 반영해야 하듯이, 외부 개발자와 함께 토론하고 의견을 듣는 과정이 이제 일반화되고 있습니다. 관련 콘퍼런스에 참석하고, 혁신 조직의 독립적인 콘퍼런스를 개최하기 위하여 외부 개발자 초청을 준비하는 데만도 5~6개월 이상 소요됩니다. 그렇다 보니 실리콘밸리 경영자의 연초 주요 업무는 콘퍼런스 일정을 만드는 것부터 시작된다 해도 과언이 아닙니다.

혁신플랫폼 과제 완성도를 대외에 공표하고, 이후 개발자 포럼을 통해서 실력을 검증받는 것은 모든 실력을 다 드러내고 평가받는다는 뜻입니다. 잘하면 일에 탄력을 받지만, 좋지 않은 평가를 받을 경우는 과제 진행에 어려움이 있게 됩니다. 그러므로 혁신 리더와 과제 책임자들은 개발 단계에서 전문가들의 의견을 수시로 듣고, 지속적으로 개선해 나가는 것이 중요합니다. 그런 다음에 어느 정도 개발 제품에 대한 자신감이 있다고 판단될 때, 개발자 포럼에서 제품 시연Demonstration과 전시를 하고 의견을 받습니다.

이상의 과정을 혁신과제 4가지에 대해서 다른 형태로 진행했는데, 생각했던 것 이상으로 의견이 좋았습니다.

삼성전자는 글로벌 현장에서 여러 형태의 개발자 포럼을 통해 소통하고 있습니다. 혁신 조직은 이미 완성도가 높은 운영방식을 배워 나가기도 하고 전사 차원의 행사에 같이 참여하기도 했습니다.

혁신과제별로 개최 및 참여했던 개발자 포럼

- 디지털 헬스 : 보이스 오브 보디|Voice of Body 2014

- 사물인터넷 : 삼성 개발자 콘퍼런스Samsung Developer conference 2017

- 자율주행차ADAS : 드라이브라인DRIVLINE 2018

- 스토리지 시스템 : 스텔러스 테크놀로지Stellus Technologies, NABNational Association of

  Broadcasters, 방송협회 전시회 2020'

소통 사례 ❶ 보이스 오브 보디 2014

개방형 건강관리 플랫폼 라이프 캐어Lifecare 공개

1982년부터 매년 1월 샌프란시스코에서 JP모건이 개최하는 '헬스케어 콘퍼런스'는 디지털 헬스와 관련된 최근 동향 및 미래 기술에 대한 종합적인 시각을 얻을 수 있는 행사입니다. 혁신 조직 내 디지털 헬스 과제 책임자는 항상 참석하여 동향을 파악하고, 혁신과제와 관련성이 있는 주제에 대해서는 전문가 미팅을 통해서 의견을 청취하는 한편 콘퍼런스 이후에도 별도의 심도 있는 미팅을 진행했습니다.

2014년, 우리는 디지털 헬스 혁신플랫폼 과제와 관련해 시제품 동작을 확인했습니다. 데이터 관리를 위한 클라우드까지를 포함, 통합 플랫폼 개발에 대해서 외부 개발자의 의견을 들어볼 때가 되었다 판단하고, 개발자 포럼 개최를 결정

했습니다. 행사를 준비하는 과정부터 당일까지, 시연 제품 동작이 잘 안 되면 어쩌지 하는 걱정에 매 순간 긴장을 늦출 수 없었던 기억이 납니다.

어떤 주제로 대외에 홍보할 것인지부터, 누가 제품을 시연 설명할지 등, 내용과 제품 동작이 자연스럽게 진행되어야 하는 점이 중요해서 수십 번의 리허설을 진행했습니다. 그리고 자신감을 갖고 개발자 초청 포럼을 열기로 했습니다, 샌프란시스코에서 헬스케어 콘퍼런스가 자주 열리고 있으므로 규모는 크게 하지 않되, 대신에 개발자가 자유롭게 참여할 수 있는 장소를 물색을 했습니다. 그 결과 샌프란시스코의 SF재즈센터에서 개발자 포럼 '보이스 오브 보디 2014'를 개최했습니다.

혁신 조직에서 만든 제품은 하드웨어 플랫폼으로, 손목 밴드 형태의 기기인 심밴드Simband였습니다. 이 장치는 첨단 생체 센서가 달려있어 심장 박동수, 호흡, 혈압 등 인체 각종 생체신호를 감지 가능합니다. 소프트웨어 사미SAMI, Samsung Architecture for Multimodal interactions가 수집한 인체 정보를 클라우드 시스템으로 저장, 다양한 알고리즘으로 개인 헬스 정보 서비스를 제공합니다.

제품 시연은 성공적이었고, 많은 의견을 받았습니다. 과제 리더가 직접 무대에 손목밴드 모양의 스마트 기기를 착용하고 나타났습니다. 그리고 본인의 심장 질환을 체크하면서, 그 데이터를 가지고 일정 기간 지속적으로 모니터링하며 자가 점검을 할 수 있도록 제품이 동작하는 것을 보여 주었습니다. 이어서 클라우드 개발자가 데이터 관리하는 시스템에 대해 설명했습니다. 주로 개발자들의 관심이 컸던 콘퍼런스로 약 400여 명의 개발자, 학계 전문가, 언론매체 등이 참석

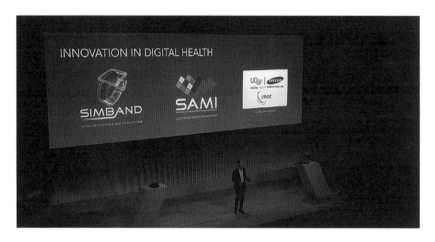

보이스 오브 보디 2014 당시, 혁신 리더의 디지털 헬스 비전에 대한 설명 출처 : 삼성 반도체 공개자료

했습니다. 행사 참석자에게는 인터넷, 핸드폰 앱을 제공하여 쉽고, 편하게 의견을 전달할 수 있게 하여, 많은 참석자들이 의견을 남겨 주었습니다. 질문사항에 대해서는 답변을 하나하나 다 주었고, 개발에 도움이 되는 아이디어를 준 개발자에게는 별도의 협의를 통해 내용을 확인했습니다.

실리콘밸리에서의 첫 개발자 포럼은, 혁신 조직의 많지 않은 인력과 현지 개발자들 간의 평소 네트워크를 통해서 이 분야에 대한 공감대가 잘 형성되어 있는 전문가들의 참석을 유도하는 식으로 진행되었습니다. 이를 통해 소중한 의견을 받을 수 있었고, 자연스럽게 현지에 홍보를 할 기회를 만들어 내는 등 큰 성과를 거두었습니다.

소통 사례 ❷ 삼성 디벨로퍼 콘퍼런스 2017

아틱은 스마트싱스SmartThings와 삼성 커넥트Connected 통합 서비스 제공

2015년 미국 세계 최대 가전 쇼CES는 스마트 홈의 기술 경연장으로 '드디어 사물인터넷 기술이 생활 속 기술로 현실화' 되었음을 알리는 현장이었습니다. 집 안에 모든 장치들을 연결, 제어할 수 있는 기술이 소개되었습니다. TV, 냉장고 등 가전제품과 에너지 관리 및 보안 장치 등 새로운 기술 소개 및 투자자들이 참여했습니다.

매년 1월에 미국에서는 가전 쇼인 CES가 열리고, 9월경에는 독일 베를린에서 IFA International FunkAusstellug, 국제가전박람회가 열리면서 한 해의 기술이 시작되고 마무리됩니다. 아틱Artik팀 리더와 관련자들은 이 두 전시회에 참석하여 시장 및 업계 동향을 수시 파악하고 자체 제품 개발에 참고하면서 진행했습니다.

아틱의 경우 초기에는 개발팀으로 시작되었던 것이 나중에 사업화팀으로 승격되면서 시장에서 제품의 경쟁력은 물론이고, 사업을 어떻게 할지까지 생각하게 되었습니다.

2017년 아틱은 2년여의 개발 기간을 거친 후 제품 완성도를 높여서 삼성 디벨로퍼 콘퍼런스SDP, Samsung Developer Conference에 같이 참여하기로 결정하고, 삼성전자 내 사물인터넷은 스마트싱스를 하나의 시스템 하에서 개발하기로 했습니다. 그리고 삼성전자 본사 경영진과 혁신 사장이 공동으로 합의한 상태에서 그동안 기술 개발을 한 것에 대해서 외부 개발자들에게 발표하고 의견을 들어 보기로 했습니다. 행사는 대규모로 준비했기에 많은 인력이 참여했고 준비기간에

만 1년가량이 소요됐습니다.

삼성 커넥트 통합 서비스는 기존 스마트싱스와 아틱, 삼성 커넥트 등 삼성전자의 모든 사물인터넷 제품과 서비스들을 하나로 합친 것입니다. 샌프란시스코 모스콘센터에서 삼성 디벨로퍼 콘퍼런스SDP 아틱팀은 모듈 제품으로 3가지 시리즈에 보안 성능을 한층 강화한 새로운 사물인터넷 보안 시스템 모듈 아틱 s-SoMs도 선보였습니다. 이 보안 모듈은 스마트 홈, 스마트 빌딩, 스마트 공장 등에 사용되는 센서, 컨트롤러, 게이트웨이 등 광범위한 사물인터넷 애플리케이션에 활용되는 제품으로 디바이스와 데이터의 보호, 안전한 통신 등 한층 더 강화된 보안 기능을 제공합니다.

즉, 아틱은 사물인터넷 생태계를 통합하는 솔루션으로써 이 플랫폼을 통해 개발자나 제작사가 사물인터넷 제품과 서비스를 개발하는 시간과 비용을 줄일 수 있도록 도움을 줍니다.

샌프란시스코 모스콘센터에서 진행된 삼성 디벨로퍼 콘퍼런스의 기조연설 Keynote Speech을 통해 삼성전자 경영진은 다음과 같이 밝혔습니다.

"삼성전자는 모든 카테고리의 제품들을 서로 연결하고 소통함으로써 소비자들에게 더욱 혁신적이고 편리한 경험을 제공하고자 합니다."

이는 인간의 삶을 보다 풍요롭고 편리하게 만들기 위해 추진해 온 모든 것을 연결하고 누구와도 공유하겠다는 의지의 표명으로, 초연결성 실현에 한 발 더 다가감을 의미하는 것이었습니다.

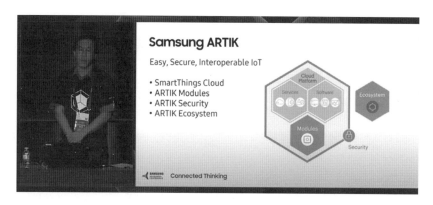

삼성 디벨로퍼 콘퍼런스 2017 당시, 아틱 개발자의 발표 장면 출처 : 삼성전자 공식 유튜브

사물인터넷 생태계 통합 솔루션에 대한 관심은 실로 뜨거웠습니다. 행사 전부터 문의가 많았고, 실제로 약 5천 여 명의 개발자와 서비스 파트너, 디자이너 등이 참석했습니다.

콘퍼런스의 시작은 ARTIK의 아틱 s-SoMsSecure System-on-Moudule가 장식했는데 디바이스부터 클라우드까지 쉽고, 빠르고, 안전하게 상호 연동되는 플랫폼으로 발전시킨 것에 대해서 개발자들의 평가가 좋았습니다. 이후 한국에서도 개발자 포럼을 진행했고, 중소기업 및 대학에 교육용으로도 제공했습니다.

소통 사례 ❸ 드라이브라인 2018

CES 2018에서 자율주행 솔루션 플랫폼 드라이브라인DRVLINE 공개

글로벌 모터Motor 쇼는 연중 내내 전 세계적으로 개최됩니다. 미국에서는 뉴욕·디트로이트 등, 유럽에서는 베를린·파리 등, 아시아에서는 도쿄·상하이·서울 등 많은 국가의 주요 도시들이 경쟁적으로 전시회를 열고 있습니다. 최근에는 가전 전시회에서 자동차 전시회로 변모되었다고 할 정도로 미국 라스베이거스 가전 쇼CES에 많은 자동차 관련 기업들이 참여합니다. 기업, 대학, 기관, 스타트업, 투자자 등 이 분야의 전문가와 경영진들이 동향을 파악하는 자리인 동시에, 미래 준비를 계획하는 모임 또한 이곳에서 열립니다.

혁신 조직 내 자율주행차 과제 팀 리더는 독일 아우디의 기술 책임자로 출신이기에 글로벌 모터 쇼에 많은 네트워크를 갖고 있었습니다. 그리고 2018년 드라이브라인DRVLINE 과제가 구체화되는 시점에 CES에 참석하기로 결정했습니다.

혁신 사장은 하만의 보드 체어Board Chair로, 독일의 자동차 업체와 협력하는 일이 많았습니다. 이에 삼성전자 자율주행차 관련 혁신팀, 전장팀과 독일의 BMW사가 공동으로 프로젝트를 발표하고 전시하는 것으로 합의를 보았습니다.

삼성전자는 디지털 콕핏운전자 플랫폼, 자동차 업계 최초 5G를 지원하는 텔레메틱스 솔루션 TCUTransmission Control Unit 등을 제시했습니다. 혁신 사장은 "미래 자동차는 이동 방식을 바꾸는 것에 그치는 것이 아니라 우리가 걸어 다니는 거리와 사회를 혁신적으로 바꾸어 놓을 것입니다. 삼성전자 드라이브라인 플랫폼으로 관련 업계와 새로운 주행 경험을 제공할 수 있도록 노력하겠습니다"라고 강

CES 2018 당시, 혁신 개발 리더의 비전 발표 장면　출처 : 삼성전자 글로벌 뉴스룸

조했습니다.

　제품은 자율주행 레벨 3~5까지 가능하게 설계된 개방형 모듈식 자율주행 플랫폼입니다. 차선 이탈 경고, 어댑티브 크루즈 컨트롤, 충돌 경고 및 보행자 경고 알고리즘 등의 기능에 적용될 전방 카메라 등이 소개되었습니다. 특히 드라이브라인DRIVLINE 발표는 독일 자동차업체 BMW와 공동 진행하여 개발자들에게 큰 관심을 받았습니다. 당시 미국 미디어에서 특별 인터뷰도 진행했는데, 행사 후 이를 국내 및 해외 언론에서 기사화했었습니다.

　저도 BMW와 공동 협력에 대한 발표를 하는 현장에 있었는데, 국내 전자기업이 글로벌 자동차 빅메이커와 함께 미래를 준비한다는 것을 공표하는 자리에 함께할 수 있어 벅찬 감동을 받았던 기억이 있습니다.

　곧이어 실리콘밸리 내 자율주행 과제를 추진하는 기업 및 스타트업들의 플랫폼에 대한 질문과 함께 센서, 레이더, 라이더 등과 관련하여 협력 제안이 들어 오기 시작했습니다. 전자기기 중심에서 경험 중심으로 자동차의 변화를 추구하는 자동차 산업들을 위해, 지금도 삼성전자와 하만은 자동차 업계 및 스타트업과 개발자와 협업 통해 기술혁신을 가속화하고 있습니다. 혁신플랫폼 과제는 사업부로 이관되었고, 자율주행차의 시대가 도래하는 시점까지 잠시 숨 고르는 시기를 지나고 있다 할 것입니다.

소통 사례 ❹ NAB 2020

미국 방송협회 주관, 라스베이거스 NAB 2020 참석

미국에서는 데이터 스토리지 관련 학회 및 전시회가 연초부터 다양하게 개최됩니다. 큰 행사로는 델 테크놀로지 월드Dell Technologies World, 플래시 메모리 서밋Flash memory Summit, 레드햇 서밋Red Hat Summit 등이 있습니다. 데이터 시스템 기업들과 관련 기관, 대학, 투자자 등에서 전문가들이 대거 참석합니다.

저도 참석했었는데, 규모가 클 뿐만 아니라 발표를 통해 구체적인 기술 변화를 공개한다는 점에서 인상적입니다. 이외에도 NAB미국 방송사업자연맹가 개최하는 NAB 쇼National Association of Broadcasters, 방송협회 전시회에서는 미디어와 엔터테인먼트 산업에 획기적인 기술이 공개되고 혁신적인 솔루션이 전시됩니다.

스텔러스Stellus 자회사 사장은 클라우드, 코어 및 에지 인프라에서 빠르게 증가하는 비정형 데이터 문제를 해결하기 위한 최적의 제품으로 SDPStellus

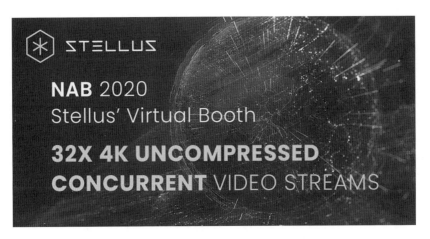

NAB 2020에 참여할 당시, 스텔러스 부스에 설명한 기술 출처 : 스텔러스 공개 자료

Development System 제품을 소개하고 투자자를 찾고자 NAB 쇼에 참석했습니다.

참고로, SDP는 고성능 키 밸류 스토리지Key value Storage 기술을 제공하는 업

계 최초의 패브릭fabric 기반 기술 올플래시 스토리지All Flash storage 시스템 및

DRaaSDisaster recovery as a service, 서비스로서의 재해 복구를 제공하는 제품입니다.

콘퍼런스에는 161개국의 방송, 통신 개발자, 서비스 파트너 등이 참석했습니

다. 스텔러스 자회사는 스토리지 솔루션 '플랫폼 SDP'를 공개하며 '미래 방송, 통

신 분야의 많은 비정형 비디오 데이터를 안정적으로, 빠르게 제공할 수 있는 기

술 인프라 구축'이 중요함을 밝혔습니다. 그리고 스토리지 분야의 혁신을 주도

하는 SDP가 그 역할을 수행해 나갈 수 있음을 강조했습니다. 파트너십 등을 통

해 생태계를 구축할 것을 제안하기도 했습니다.

스토리지 업계의 개발자 포럼은 여러 형태로 진행되었는데, 이를 통해 개발자

들과 소통하며 기술 발전을 도모했습니다. 이 행사에 참석한 주목적은 미디어 업계에 제품을 소개하고 기술적 성능 우수성을 알려서 사업 확대 기회를 모색하려는 것이었습니다. 또한 이를 통해 향후 추가 투자자를 모집할 수 있는 효과도 거둘 수 있으리라 기대했습니다. 한마디로 투자자 확보를 위해 잠재 고객인 미디어 관련 업계의 관심을 끄는 것이 목적이었는데, 실제로 기술적인 차별이 가능할 것으로 평가받았습니다.

실리콘밸리 웨이 ❸ 혁신 단계별 전문가와의 소통

30~40여 년간 인텔, 퀀텀, 오크 테크놀로지, 애질런트, 인파이 CEO 등으로 근무해 온 실리콘밸리 혁신 사장의 경험을 토대로 '혁신 성공의 5가지 과정Steps'을 정리해 보았습니다.

창업주 경영 vs. 전문경영인 경영

일반적으로 기업 경영은 창업 오너가 기업가 정신에 기반하여 오랜 기간 성공적으로 사업을 영위하는 형태입니다. 실리콘밸리 특성상 창업 오너가 오랫동안 기업의 CEO가 되기보다는 전문경영인 후계자를 통해서 기업을 유지하는 사례가 많습니다. 일례로 애플의 스티브 잡스도 이사회 결정에 따라 회사를 나갔다

다시 돌아왔고, 마이크로소프트의 현 CEO 사티아 나델라의 또한 기술 전문경영인 후계자로서 기업을 승계받아 운영하고 있습니다.

스타트업 기업가라면 누구나 창업 때부터 유니콘unicorn이나 데카콘decacorn 기업을 꿈꿀 것입니다. 그리고 창업 이후에 어떤 과정을 통해서 성공할 수 있을지 고민할 것입니다. 원천 기술을 갖고 시작한 이후, 기술 검증을 통해서 아이디어 가치를 확인한 다음 투자자를 통해서 펀딩 받는 경우도 있고, 사업 확장 가능성까지 본 이후에 투자 펀딩을 받는 시기를 가늠하기도 합니다. 다양한 사례가 있는데 창업자Founder가 모든 것을 다 할 수도 있지만, 일반적으로는 한 사람이 기술, 경영, 투자 등의 모든 프로세스에서 전문성을 갖추기는 어렵습니다.

따라서 '스타트업의 성공 방정식 = 전문가의 의사결정이 좌우' 한다고 해도 과언이 아닙니다.

초기 혁신기술 아이디어의 가능성을 확인하는 과정에서는 기술 책임자CTO 중심으로 회사가 운영됩니다. 이후 기술 확장성을 위한 생태계 구축 차원의 파트너십 개발에는 글로벌 네트워크를 가진 경영진을 영입하는 것이 도움이 됩니다. 사업 모델을 만들고, 투자자 미팅을 통해 기업가치를 제고하고, 향후 기업 상장 IPO까지를 염두에 둔 마일스톤Milestone, 일정을 세우는 과정에서는 벤처 기업을 성공시켜 본 경험이 있는 리더의 역할이 중요합니다.

투자자 펀딩을 받는 경우, 스타트업의 특성상 단계Stage별로 다르게 추진합니다. 보통 초기Early 펀딩, 중간Middle 펀딩, 늦은Late 펀딩으로 구분하는데, 단순히 펀딩을 받느냐 마느냐가 아니라 어느 순간에 받느냐 또한 중요합니다.

초기 펀딩을 받으면 투자자와 계약 및 보고 과정에서 너무 많은 시간을 보내는, 이른바 '간섭의 시간'을 겪게 됩니다. 제대로 기술개발, 사업화에 어려움이 있을 수 있습니다.

이런 이유로 실리콘밸리의 전문 엔지니어들은 스타트업에 입사할 때 다음과 같은 사항을 고려한다고 합니다. 친한 동료 엔지니어 중 한 친구가 해 준 이야기로, 그 회사의 기술 성숙도를 먼저 판단하고 그 회사가 전문가들을 통해서 운영되는 회사의 구조인가 파악한 후에 입사를 결정한다는 것입니다.

산업 구조가 잘 되어 있고, 우수 인력이 많으니 그럴 수 있겠다 싶습니다. 한편으로 '그만큼 기업의 성공 여부는 전문가를 통해서 의사결정을 해 나가는 것이 중요'함을 실리콘밸리 인재들은 이해하고 있는 것이라 볼 수도 있습니다.

실리콘밸리에서 최고경영자, 벤처 기업 상장, 벤처캐피털 상임고문 등으로 활동하다 보면 이 같은 경험을 기반으로 엔젤투자를 하는 것이 일반적입니다. 스타트업 멘토 역할을 하면서 엔젤 투자로 지원했던 회사가 성공적 상장을 통해 유니콘 기업이 된 좋은 예도 있습니다. 혁신 사장은 이 같은 많은 경험으로 토대로 '줌 비디오 커뮤니케이션Zoom Video Communications'이라는 회사에 멘토링했고, 개인적으로도 투자했습니다. 이 회사는 팬데믹 기간 재택근무 등으로 급증한 화상 미팅 서비스를 제공합니다. 2011년 창업하여 2019년 IPO 3억 5,680만 달러 규모까지 약 8년이 소요되었는데, 지속적으로 혁신을 추진 중이고 핵심 인력을 보강하며 기업가치를 극대화하고 있습니다. 줌은 2020년 6월 최고 다양성 전문가 Chief Diversity Officer인 데미안 후퍼 캠벨Damien Hooper Campbell을 영입하여, 그가 가진 이베이에서의 경험을 바탕으로 글로벌 다양성 및 포용 전략의 설계, 추진, 그리고 채용 프로그램, 초기 혁신 전략 수립 등을 담당하게 했습니다.

미래 기술의 핵심인 양자퀀텀 컴퓨팅과 관련해 기대를 모으고 있는 회사가 있습니다. 2015년 창업한 아이온큐IonQ로, 2021년 IPO 20억 달러 규모까지 약 6년이 소요되었습니다. 창업 시점부터 해당 분야의 세계적 석학인 김정상 듀크대 교수와 기술 전문가 크리스 먼로가 함께했으며, 2021년에는 ARM 재무 전문가CFO인 인더 M. 싱을 기업경영 책임자로 영입하여 글로벌 재무조직과 기업 IT 운영, 구매, 보안 등 전반적인 회사 운영의 책임자 역할을 맡기고 있습니다.

이외에도 실리콘밸리 내 스타트업 및 현지 기업들은 핵심인력 영입을 통해서 기업가치를 제고하는 노력을 활발히 하고 있습니다. 최근 삼성전자 및 국내 대기업에서도 외부 전문가를 영입해 기술 및 사업 전략을 맡기는 것을 보면 '글로벌 기업화되어 가고 있다'는 생각이 듭니다

스타트업 성공을 위해서는 5단계steps별로 각기 다른 전문성이 필요합니다.

❶ 핵심 기술 확보 : 기술 전문성
❷ 기술 검증 : 제품 전문성
❸ 파트너십 통한 생태계 구축 : 전략 전문성
❹ 투자자 유치 : 투자 전문성
❺ 기업 공개 : 사업 전문성

실리콘밸리 웨이 ❹ 조직 내부 고객과의 효율적 의사소통

'워터폴Waterfall 의사결정 시스템'이라는 말을 들어본 적이 있으신가요?

저는 40여 개월의 군 생활 중 2년여를 비행단 부관으로 지낸 경험이 있습니다. 새벽에 출근하고, 야간 비행이 끝나야 퇴근하는 고된 시간이었습니다. 그 경험을 통해 군 조직은 매 순간 명령체계가 중요하며, 상명 하달Waterfall식의 체계야말로 큰 조직이 어떤 위기상황에서도 가장 빠르게 대응하기 위한 방식이란 생각을 가지게 되었습니다. 반도체 조직에서의 근무가 어렵지 않았던 이유이기도 합니다.

그랬기에 실리콘밸리의 결정 방식은 제게 다소 불안감을 안겨주었습니다. 물론 실리콘밸리식의 혁신에도 명령체계가 아예 없는 것은 아닙니다. 하지만 수시로 결정이 바뀔 수 있기에, 어제 결정한 것을 오늘 다시 바꾸게 되어 신뢰를 잃지는 않을지 걱정이 되었습니다.

실리콘밸리는 하드웨어보다는 소프트웨어 산업 기반의 기업과 스타트업이 많은 곳입니다. 따라서 '빠른 변화에 대한 대응이 곧 생명'인 문화입니다. 혁신 조직 내에서도 이런 문화가 있어서, 본사에서는 스포일spoil, 응석받이로 자랐다는 뜻 되어 있다고 말하는 이도 있었습니다. 이러한 오해로 인해 초기에는 본사와 협의를 통해서 결정된 사항을 재보고하는 과정에서 어려움이 많았습니다.

그러나 마침내는 혁신 조직을 지원하는 본사에서도 빠른 대응으로 개선점을 찾는 한편, 실리콘밸리식의 3가지 방식을 효율적으로 운영하면서 중요한 의사결정을 적기에 할 수 있었습니다. 그 3가지 방식이란 다음과 같습니다.

애자일 경영

혁신 조직은 이익 조직Profit Center이 아니라 비용 조직Cost Center입니다. 즉, 24/7 하루 24시간 주 7일의 사업적인 미세 관리보다는 미래 가능성을 위한 투자에 포커스가 맞춰집니다. 연구소의 연구개발과는 다르지만 혁신적인 아이디어를 구체화하고, 이 가능성을 현 사업부 및 미래 가치에 기여를 하는 것에 조직의 의의가 있습니다.

불확실한 상황 속에서 혁신 조직의 미션을 수행하는 일은 안내보다는 일단 부딪히는 것에 가깝습니다. 기다리기보다는, 길을 찾아가면서 여러 번 시행착오를 겪더라도 올바른 길을 찾아 빠르게 움직이는 것이 중요합니다. 이는 소규모 조직Skunk works을 통한 프로젝트의 효과를 극대화하기 위한 것으로, 실제로 운영해 보면 매 순간 해결방안에 대해서 제안하고 의사결정을 바로 해야 하는 경우가 많습니다.

애자일 경영은 애플, 구글, 마이크로소프트 등 세계 유수의 기업에서 적용하고 있습니다. 시장의 불확실성과 다양성으로 인해 최적의 조건을 찾는 것이 더욱 복잡해짐에 따라 스타트업에서도 이를 적용하고 있습니다.

4가지 혁신플랫폼 과제별로 상황은 좀 다르게 전개되었지만, 기술 개발을 하는 과정에서 파트너를 찾고, 잠재 고객의 의견을 듣고, 전문가를 찾아 완성도를 높여가는 과정에서 많은 시행착오가 있었습니다. 실수가 반복되면서 어려움을 겪기는 했지만, 궁극적으로 4개의 과제가 모두 사업부 이관이 되었으니 혁신 조직으로서의 역할을 잘 수행한 것 같습니다.

혁신플랫폼 과제와는 달리 전략 및 투자와 관련해서는 의사결정 과정에서 사업부 및 법률, 홍보 등 관련 부문과의 협의가 잘 되어야 실수를 줄일 수 있습니다. 현 사업에 대한 위험 요인이 있으면 안 됩니다. 대부분의 시행착오에서 실수는 실패와 다르지만, 이 경우에는 '실수가 곧 실패'가 될 수 있기 때문입니다.

피봇 결정

혁신을 위한 전략적인 수정은 몇 번이 적합할까요? 펜실베이니아 와튼 스쿨의 커틀리Kirtley 교수와 보스턴대 오마호니O'Mahony 교수가 2007~2013년에 7개사 스타트업 대상으로 조사한 결과, 93번의 전략 수정이 있었고, 기업당 평균 13번 수정 결정을 했다 합니다.

혁신 일을 하다 보면 새로운 것에 대한 기대가 높아집니다. 스토리지 시스템 과제를 운영 중에 '기술 차별화'를 강조하다 보니, 미성숙 기술을 적용하다가 몇 개월 지난 후에 잘못된 것을 알게 되었습니다. 혁신 조직 전체적으로 위기가 찾아왔습니다.

혁신 차별화는 새로운 것을 통해 가치를 만들어 내는 것이지만, 한 번의 실수는 회복하기가 쉽지 않습니다. 결국에는 과제 책임 리더를 변경해야 했습니다. 새로운 리더를 찾아야 했던 것은 물론이고, 무엇보다 개발 방향을 변경해야 했습니다. 혁신 리더의 새로운 과제 책임자 선정, 과제 목표 변경, 이 분야 전문가들과의 자문회 운영을 통해서 중요한 시점Critical Path을 찾아야 하는 절박함 속에서 빠르게 위기를 극복하게 되었습니다.

디지털 헬스 과제를 진행했을 때도 비슷한 위기가 있었습니다. 최첨단 생체 센서가 손목 안에 밴드가 닿는 구조이니 혈압 측정이 용이할 것으로 생각했으나, 갤럭시 워치에 적용하는 과정 중에 제품의 신뢰성 확보가 어렵다는 기술자들 의견을 듣고 변경해야 했습니다. 결국 기존 갤럭시 워치에서 생체 센서가 동작되도록 바꿨습니다.

원페이지 제안 및 즉시 결정

일을 하면서 만든 보고서paperwork의 양이 적지는 않았습니다. 큰 기업이든 중소기업이든 모두 전략, 투자 등의 키워드가 들어가는 보고서는 기본적으로 양이 많습니다. 제가 기획팀에서 일할 당시, 중국 쑤저우 공장 증설 투자 건으로 한국은행에 신고를 할 때 기본적인 데이터부터 구체적인 사업 계획 등 엄청나게 많은 준비를 했던 기억이 있습니다. 삼성전자는 잘 알려진 대로 '관리의 삼성'으로, 철두철미하게 검토된 후에야 결정하는 시스템입니다. 지금은 3단계 결재 등 권한을 위양하여 간편하게 결정한다고 하지만, 공시 등 대외적인 보고를 위해서는 아직도 많은 양의 보고서 작업이 요구됩니다.

혁신 조직은 매주 월요일 주요 회의를 합니다. 오전 9시 회의는 팀 리더, 법률, 인사, 홍보, 운영 등의 스텝장들이 참석하여 주간 리뷰를 합니다. 그리고 주요 의사결정이 필요한 사항에 대해서는 한 장으로 정리된 MS워드 파일을 가지고 안건을 제안하는 임원이 설명한 후, 그 자리에서 의사결정하는 형식으로 빠르게 진행합니다. 물론, 전략 및 투자 관련 최종결정이 필요한 사항에 대해서는 그 전에 여러 차례 사전에 보고하고, 본사 경영진과 협의하는 과정을 진행합니다.

실리콘밸리의 아마존 제프 베조스는 내러티브 메모Narrative Memo, 4~6페이지짜리 문서인데 아마존에서는 PPT 대신 내러티브 메모를 작성하여 회의에 사용를 통해 치열하게 토론하고 의사결정을 한다고 합니다. 삼성전자 반도체 문화 역시 빠르게 변화하고 있습니다. 사장이 주관하는 회의에서 발표 담당자가 자기 의견을 솔직하게 전달하는 것이 장점입니다. 그 결과 지금의 글로벌 1위 기업을 유지하고 있습니다.

실리콘밸리 웨이 ❺ 스타트업 투자 및 육성을 위한 지원 소통

실리콘밸리 내 글로벌 기업인 퀄컴, 인텔, 구글, IBM 등 기업형 벤처캐피털CVC이 확대되는 추세로, 2022년 기준 미국 전체 벤처캐피털의 50% 이상이 여기에 해당됩니다.

삼성전자 또한 신사업을 발굴하고, 스타트업 투자 후 육성을 위한 전문성을 갖고 기업 미래전략과 연계하여 '전용 펀드'를 운영하고 있습니다. 혁신 조직은 반도체 사업 경쟁력 강화 및 미래 사업 준비를 위한 2개의 전용 펀드를 운영했습니다.

오크 혁신펀드 : 단기적 성과가 안 보여도 가능성에 투자

삼성전자는 관계사 삼성벤처의 펀드를 통해서 스타트업 투자를 운용하고 있었으나, 실리콘밸리 내 혁신 조직의 역할을 강화하기 위해 별도의 '혁신촉진펀드'를 설립하기로 결정했습니다. 그리고 2013년 혁신펀드Samsung Catalyst Fund, SCF 1억 달러를 조성했습니다.

스타트업 투자는 기업의 기술 성숙도에 따라 초기Early, 중기Middle, 말기late로 구분하여 투자를 합니다. 혁신촉진펀드는 주로 초기 단계에서 투자를 목적으로 조성했고, 기술의 변혁을 일으킬 수 있는 것을 선점하자는 차원에서 출발했습니다. 아울러, 기업 인수를 위한 일종의 선행 단계로 운영했습니다.

투자 펀드 조성 목적은 '성공적 투자 결과를 이끌어 낼 글로벌 혁신 방법으로 활용하고, 투자를 통해 삼성전자에 새로운 가치를 어떻게 부여할 것인가가 핵심이었습니다. 이를 위해 벤처캐피털 경험을 가진 책임자급Shankar Chandran을 영입하는 등 10여 명을 구성하여, 연간 1,500여 개 업체 미팅을 진행하고 있습니다. 그중 단 100여 곳을 선정, 2차 미팅을 통해 최종적으로는 연 10~15건의 투자 결정이 이뤄집니다. 2021년 상반기까지2021년 5월 기준 약 5~60여 개 업체에 투자했습니다.

특히 5대 핵심 기술 분야를 선정하여 투자했는 데, 혁신 조직의 혁신플랫폼 과제와 연계성을 갖고 투자가 진행되었습니다. 즉, 사물인터넷, 클라우드·데이터 스토리지, 개인정보 보호·보안, 스마트 머신 개발, 스마트 헬스케어 분야에 집중했습니다. 당장의 가시적 성과는 없다 해도 해당 분야를 주도할 수 있는 기술을 익히고 추후 그 기업과 협업할 때 주도권을 가져올 수 있을 것으로 생각합니다.

5대 핵심 기술 분야와 투자 이유

- 사물인터넷 : 단순한 콘셉트가 아니라 실질적으로 필요한 기술로 인식, 이 분야 관련 투자를 본격적으로 시작

- 클라우드·데이터 스토리지 : 전자 반도체 플래시 사업과 관련 분야에서 혁신을 통해 신규 사업 모델을 다수 끌어냈는데, 향후 진행될 혁신적 기술과 떼어놓고 생각할 수 없는 분야

- 개인정보 보호·보안 : 단순히 특정 제품에 국한된 보안이 아니라, 정보 전반에 대한 보안 기술을 의미, 향후 진행될 모든 혁신적 기술과 떼어낼 수 없는 분야

- 스마트 머신 개발 : 삼성전자는 스마트 기술 분야에서 이미 상당한 역량을 보유하고 있으며, 이를 활용함으로써 주변 환경을 감지하고 배운 것을 이해하며 궁극적으로 상호 소통까지 가능한 스마트 기기 개발로 분야 확장이 가능

- 스마트 헬스케어 : 생체 데이터가 컴퓨터를 통해 수치화되면서 사람의 건강을 관리하는 첨단 기기가 다양하게 등장, 생체 데이터 수집 기술과 스마트 기술 간 시너지를 잘 활용하면 스마트 헬스케어 분야에서 주도권 확보가 가능

자율주행차 혁신플랫폼 과제를 진행하는 과정에서, 2017년 하만 인수가 성사되었습니다. 삼성전자 경영진과 혁신 리더는 자율주행차와 관련해서 이를 미래 사업 기회로 추진하는 것이 필요하다고 판단했습니다. 그에 따라 2017년, 오토모티브 혁신펀드가 3억 달러 규모로 조성되었습니다. 스마트 센서, 머신 비전, 인공지능, 커넥티비티 솔루션, 보안, 자율주행과 커넥티드 카 분야의 기술 확보 목적으로 운영되고 있습니다. 출처 : 삼성 뉴스룸

특히 자율주행 플랫폼과 첨단 운전자 지원 시스템ADAS의 글로벌 리더인 오스

트리아 회사에 전체 펀드의 1/3 규모 투자가 이뤄졌습니다. 7,500만 유로에 달하는 투자 결정을 위해 삼성전자 경영진들은 치열한 논의를 거쳤고, 이 외에도 외부 기술을 적극 수혈하기 위하여 자율주행 플랫폼에 대한 스타트업 투자 및 전략적 협력 파트너 등 발굴 목적으로 전용 펀드를 조성하기로 결정했습니다.

한편, 커넥티드 카와 오디어 전문기업인 하만은 커넥티드 카Connected Car 부문에 자율주행과 첨단운전자 커넥티드 카 시스템ADAS을 전담할 SBUStrategic Business Unit, 전략사업단위 조직을 신설했습니다. 이 조직은 실리콘밸리 혁신 조직 내 스마트 머신Smart machines 팀과 협력해 보다 안전하고 스마트한 커넥티드 카를 위한 핵심 기술 개발에 집중할 계획입니다. 혁신 조직 내 스마트 머신팀은 한국과 캘리포니아에서 자율주행 소프트웨어와 하드웨어를 시험하기 위해 자율주행 면허를 확보한 상태였고, 전용 펀드를 통해 더 가속화할 수 있었습니다.

04

혁신 내용을 공유하고
상호 공동의 가치를 추구하라

여정의 순간 **4**

혁신의 조력자인 투자자, 기업, 학계,
그리고 본사 스폰서와 함께

:: 주요 내용 ::

혁신 지속성을 위해, 혁신 과정에서 진행되는 사항에 대해
회사 내외의 관련자와 공유하는 것이 중요

현지 인지도가 중요한 글로벌 파트너와의 교류

샌프란시스코에서 기업인, 혁신가, 교수, 투자자 등의 '미래 구상' 모임인 CEO
서밋을 개최했습니다. 처음 행사를 열었을 때는 제목 그대로 글로벌 경영자 총
회 같은 느낌으로, 본사에서는 혁신 조직이 글로벌 기업과 사업적인 미팅을 하
는 데 대해 우려를 표했습니다. 행사 취지와 참석자 등에 대해서 설명한 후에야

취지에 대해서 이해했습니다.

그 결과 매년 10월경 CEO 서밋을 열어 글로벌 석학 및 기업인들과 미래 컨버전스 시대 전략 등에 대해 의견을 나누고, 유망 스타트업을 발굴하고 있습니다. 2015년 스마트 머신, 2016년 인사이트&학습, 2017년 신新데이터 경제, 2018년 인공지능 세상, 2019년 컨버전스융합 등 주제는 매년 다릅니다.

2019년에는 샌프란시스코 예르바 부에나 예술센터에서 전 세계 정보통신 전문가, 기업인, 혁신가, 교수, 투자자 등 약 600여 명을 초청해 행사를 했습니다. 사물인터넷IoT의 무한 진화로 현대 사회는 모든 사물과 기계, 산업과 산업, 물리와 디지털이 융합하는 디지털 컨버전스의 시대에 접어들었는 데, 이를 극대화시키기 위한 행보였습니다.

매년 행사 주제에 따라 혁신가들과 혁신 리더가 무대에서 대담하는 방식으로 진행했는데, 참석자들로부터 좋은 호응을 얻었습니다. 이 날은 듀크대 김정상 교수를 초빙하여 '양자 컴퓨터, 신약 개발부터 활용'이라는 주제를 갖고 대화를 나누었습니다.

삼성전자, 마이크로소프트와 같은 글로벌 대기업과의 협업이 양자 컴퓨터 기술을 한 단계 끌어올리는 계기가 될 것이며, 기존 슈퍼 컴퓨터로 해결할 수 없는 문제들을 논의할 수 있을 것이라는 이야기가 오갔습니다. 혁신 사장도 '삼성전자 반도체 기술의 미세공정은 사실상 원자 단위의 기술'이라며 기존 반도체 기술로 혁신의 한계에 부딪히는 다양한 산업 영역에서 양자 컴퓨터가 새로운 접근 방법이 될 것임을 강조했습니다. 본 행사는 삼성전자 반도체와 세트 부문의 혁신 조직, 그리고 삼성벤처투자가 공동으로 기획하여 운영했으며 투자를 받은 스타트업의 CEO, CTO 등 다수 기술자들도 참석하여 미래 기술 변화에 대해 토론하고, 투자 방향에 대해서 협의도 진행했습니다.

전문가 초청 토론

2013년 혁신플랫폼 과제를 시작했던 초기부터 글로벌 전문가를 초빙하여 의견을 들어 왔습니다. 이후 신규 혁신플랫폼 과제가 만들어지면서 분야별 전문가를 다양하게 구성하여 운영했습니다. 연 3~4회 정도 과제별로 운영하는데, 하루 반나절 행사로 과제 진행 사항을 업데이트하고 이슈 사항에 대해서 토론합니다.

전문가 활동의 경우, 스토리지 시스템의 예를 들면 전 AMD 기술 책임자·전 썬마이크로시스템즈 CEO 등 기술 전문가들이 참여했습니다. 자율주행차 과제와 관련해서는 독일 아우디 기술 책임자·BMW 기술 책임자·스타트업 기술 책임자 등으로 구성했으며, 디지털 헬스에는 스탠퍼드 의대 교수·대학UCSF 병원 책임자·벤처캐피털 담당자 등이, 사물인터넷에는 협력 파트너사 책임자·스타트업 CEO 등이 함께했습니다. 이처럼 그 분야에서 직접 경험을 한 최고의 전문가로 구성하여 매년 전문가 활동을 평가하여 교체하는 식으로 운영했습니다.

일반적으로 과제별로 4~5명 정도 전문가를 선정하고, 본사의 사업부 개발 책임자들도 초청하여 토론합니다. 하루 전에 함께 저녁식사를 하면서 친밀감을 쌓은 덕분에, 행사 당일에는 보다 편안한 분위기에서 적극적으로 토론에 참여하곤 합니다.

2021년에는 혁신플랫폼 과제를 사업부에 다 이관한 상태여서, 본사의 미래 신기술·사업 분야 중심으로 주제를 선정하여 운영했습니다. 리스크 파이브RISC V, 실리콘 포토닉스 등 새로운 분야에 대해서 기술자, 기업 내 기술 책임자 등을 초빙하였고, 팬데믹으로 인해 본사는 온라인으로 참여하는 식으로 운영되었습니다.

전문가와의 소통은 일회성으로 끝나지 않는 것이 무엇보다 중요합니다. 글로벌 전문가와 현지 기술적 흐름의 변화를 지체 없이 파악할 수 있고, 본사의 개발 책임자들이 경험과 전문성을 갖춘 기업 및 학계 전문가들과 소통할 기회가 되어주기 때문입니다.

05

혁신 조직의 미션을 수행하기 위한
권한과 책임의 중요성

여정의 순간 5

전결 권한, 운영 조직, 지원 시스템이 중요한 이유

:: 주요 내용 ::

혁신 조직은 의사결정은 빠르게
미세 관리보다는 미국 현지에 결정 권한을 부여해야

글로벌 현지에 부여된 결정 권한

어느 회사나 해외에서 새로운 일을 계획하고 진행해야 할 때, 어떻게 하면 조직을 효율적으로 운영할 수 있을지 고민합니다. 특히 인사 측면의 조직 관리, 비용 관리, 그리고 법적, 보안 등 위험요인에 대해서는 긴장의 끈을 놓아서는 안됩니다. 이런 가운데 성과를 만들어 내야 하는 것입니다.

매해 연말이면 회사는 다음 해 경영계획을 수립합니다. 이때 인력 및 비용 측면에 대해 어느 정도 계획을 세우고, 다음 해 초 확정 짓는 프로세스로 진행합니다. 계획을 세우는 단계와 실제로 실행하는 단계를 구체적으로 계획하고, 각 단계별로 승인받아 운영하는 식입니다. 그런데 글로벌 혁신 조직의 경우, 모든 과정을 승인받아서 운영하다 보니, 중요한 의사결정의 시기가 지연되어 기회를 놓치는 일이 발생했습니다. 우수한 인력을 뽑거나 스타트업 투자 결정 등을 할 때도, 회사 내 관련 부서가 많다 보니 실무자부터 경영진까지 보고하는 데만도 시간이 많이 소요되었습니다.

CEO에 직접 보고하여 현지 투자 결정 권한 기준을 적용

사업에 관련된 의사결정은 해당 사업부장과 협의가 필요한 것이고, 미래를 준비하는 것은 최고경영자 보고를 통해 회의에서 진행해야 하는 일입니다. 보고 시, 스텝장들이 함께 참석해서 추진여부를 빠르게 결정할 수 있었습니다. 스타트업 투자, 전략적 파트너십 등의 경우 혁신 조직의 결정이라 해도 외부에서는 삼성전자의 결정으로 보도되는 사항입니다. 해외에서 하는 일에 대해서도 한국 내 공시 의무가 있습니다. 따라서 현지와 본사의 의사결정 위원회를 별도 구성하여 역할 및 책임을 구분하여 운영하고 있습니다.

최소한의 전문 기능 스텝이 필요한 이유

어느 기업이나 사업과 관련된 사항이 우선시 되며, 연구 및 혁신 등 조직의 일은 그 중요성에도 불구하고 바로 판단하기가 쉽지 않습니다. 사업에서 물건을 생산하고, 판매하고, 고객의 요구에 대응하는 것은 직접적인 경영 실적과 연결되다 보니 매 순간 많은 스텝 기능 인력들이 일을 합니다. 그러다 보니 혁신 업무와 관련해서는 담당자가 판단하기 어려운 사항이 많습니다. 본사 담당자의 업무 우선순위를 조금이라도 위로 바꾸기 위한 노력'이 필요한 이유입니다.

해외에서 운영 업무를 하면서 어려운 것은 현지 사장과 본사 경영진 간의 의견일치를 이끌어내는 것이었습니다. 이를 위해서는 논리를 만들어 성공적으로 추진해야 합니다. 이 과정에서 현지 인력들은 전화와 이메일로 진행 여부 문의를 하고, 안 되면 바로 현지 사장에게 보고합니다. 현지인들과 회의 과정에서 일방적인 꾸지람을 듣고, 본사에는 부탁을 해야 하는 상황이 반복되다 보니 정신적인 스트레스가 너무 컸습니다.

결국에 살아남기 위해서 다음과 같이 선택했습니다. 즉, 의사결정을 본사에서 받아야 하는 경우, 어떻게 자료를 준비하면 승인받을지에 대해서 본사 담당자와 사전에 협의합니다. 필요하면 책임 임원에게 별도 이메일로 배경 설명을 하는 등 소통을 다각도로 빠르게 진행하면서 해결해 나갔습니다.

그럼에도 불구하고 현지에서는 작은 일마저도 곧바로 결정이 내려지길 바랍니다. 이를 위해서는 혁신 조직 내에도 매 순간 각 조직에서 운영 중인 사항을 확인하고, 의사결정이 필요한 사항을 사전에 파악할 필요가 있습니다. 100~200여 명의 조직에 스텝 기능이 많이 필요한 것은 아니지만, 기본적으로 인사, 지원, 법률 전문가가 있어야 합니다. 현지인으로 채용하되, 본사 보고 등 협의를 위해서는 기획, 관리 인력 2명 정도는 본사 파견 또는 본사 협의하는 데 언어적으로 문제가 없어야 빠른 일 처리가 가능합니다.

지난 10여 년간 혁신 조직 내 전략 및 투자 조직 운영해 본 결과, 전문성이 필요한 업무의 의사결정에 대해서는 현지 또는 본사 파견이 절대적으로 필요했습니다. 그렇지 않으면 사업과 혁신 업무 성격이 다르므로 법률적, 세무적인 내용 등에서 본사와 해석이 달라 담당자 선에서 판단이 안 서게 됩니다. 결국 세세한 일까지 경영진 보고를 통해 의사결정을 해야 하는 상황이 벌어집니다.

글로벌 현지 법인의 지원 체계 효율화

미국 실리콘밸리 외에 프랑스, 독일, 이스라엘 등에서 글로벌 혁신을 진행해야 할 때면 해외 현지 법인에 지원을 요청합니다. 그런데 현지 법인은 아무래도 혁신 업무에 익숙하지 않다 보니, 본사 의사결정에 의존하는 보수적인 입장입니다. 그러므로 어떤 경우 현지에서 발생한 사항에 대해서는 바로 본사에 문의하는 것이 맞는 것 같습니다. 의사결정이 되면 지원 여부가 훨씬 빠르게 결정되기 때문입니다.

그럼에도 불구하고 지난 10년 동안 글로벌 현지의 지원은 제가 혁신 조직을 운영하는 데 있어서 여러모로 많은 도움을 주었고 힘든 상황이 생길 때마다 최선을 다해 도와주었기에 늘 감사한 마음을 갖고 있습니다.

PART 03

혁신
내비게이터가
가야 할 길

—

2030년 연결의 순간

2030년을 준비해온 지난 10년,
9만 마일리지의 여정을 통해 포착한
미래와 연결되는 순간

01

과거 10년과
미래 10년이 연결되는 순간

들어가며

SSIC 삼성전략혁신센터, Samsung Strategic Innovation Center가
진행해 온 일들, 그리고 2030년에 게임체인저가 될
10가지 키워드를 관련시키면
미래 세상과의 연결점이 보인다!

지난 10년2012~2021년 초 간 조직명이었던 SSIC Samsung Strategic and Innovation Center 가 2021년, SSIC Semiconductor Strategic and Innovation Center로 바뀌었습니다. 영문 축약 명은 SSIC로 동일하나 그 뜻을 보면 '삼성전략혁신센터'에서 '반도체전략혁신센터'로 변화되었음을 알 수 있습니다. 이것은 무엇을 뜻하는 것일까요?

혁신 조직의 시작은 부품 플랫폼 연구를 통한 시스템 지능지수IQ를 높이는 것 이었습니다. 그렇게 10년이 흐른 지금, 이제는 그 전략을 더욱 구체화해서 추진 해야 하는 시기가 되었으므로 그에 맞는 미래 반도체 전략과 투자에 집중하는 미션이 새롭게 주어진 것입니다.

즉, 단순히 조직명이 바뀐 것이 다가 아닌 것입니다. 이러한 변화가 시사하는 것은 향후 SSIC가 가지게 될 메타버스Metaverse와의 연결점, 미래 세상과의 연결점입니다.

지난 10년의 걸어온 길 그리고 향후 10년간 이어질 변화의 연결점이라는 측면에서 SSIC의 중점 과제들을 보면, 현시점에서 주목할 미래 키워드들을 알 수 있습니다. 참고로, 본 내용은 그동안의 업계 전문가들 그리고 언론에서 많이 언급된 사항에 개인적인 생각을 담아서 정리한 내용임을 밝혀둡니다.

 혁신 내비게이터의 과거와 향후

32	32년의 삼성전자 근무
2	반도체 연구원
17	반도체 기획기술기획, 국제팀, 경영기획, **기술원 기술전략그룹**
3	미래전략실에서 기술, 혁신TF Task Force
10	글로벌 혁신 센터 SSIC 운영팀장

그리고, 1년의 시간 자문역

| 1 | 32년을 정리할 수 있는 시간 |

오필리아의 쾌차차를 위하여

'오필리아의 쾌차차를 위하여Per la ricuperata salute di Ophelia'는 230년 만에 발견된 천재 작곡가와 궁정 음악가의 공동 작품입니다.

음악적인 전문성이 있진 않지만, 아마데우스 영화를 보면서 '천재인 모차르트와 천재의 재능을 볼 줄 아는 살리에르는 서로 다른 재능을 가진 천재들이구나'라고 생각했었습니다. 그리고 가끔 동료들과 사적인 자리에서 회사 내 경영진들의 리더십에 대한 이야기를 할 때, 이 영화에 비유하곤 했습니다. 모차르트처럼 천재성을 갖고 있는 경영인과 살리에르처럼 천재를 잘 채용하여 조직에서 역할을 부여하는 재능을 갖고 있는 경영인으로 말입니다. 이 둘은 다른 것 같지만 성공하기 위해서는 둘 다 조직에서 꼭 필요한 것 같다고 했었습니다.

미래의 불확실성이 커진 상황에서, 한 분야의 기술을 잘 아는 능력과 이를 잘 판단하고 사업과 연결해 낼 수 있는 능력이 모두 유구되는 시대입니다. 지난 혁신 경험을 통해 미래 변화를 잘 파악하고, 이를 통해 가치의 연결 지점에 제가 서 있을 수 있기를 희망해 봅니다.

지난 10년, 실리콘밸리에서의 혁신 로드 트립

예전에 삼성전자에서 본사 경영진을 상대로 '실리콘밸리 로드 트립'이라는 프로그램을 운영하고자 했던 적이 있습니다. 당시에 프로그램을 만들고, 실리콘밸리 내 회사 및 대학 방문 등 디테일한 것까지 동료들과 같이 계획하면서 현지 네트워크를 통해서 빠르게 진행하기로 했었습니다. 예를 들면, 스탠퍼드 대학 방문은 해당 대학 출신들이 학교에 직접 방문해 설명회를 했고, 기업 방문은 미주 판매법인을 통해서 고객사의 주요 경영진과 직접 연락하기로 하며 동료들과 오랜 시간을 함께 준비했습니다. 그런데 아쉽게도 갑자기 전염병 메르스MERS가 아시아 국가 중심으로 유행이 되어 무산되고 말았습니다.

그 이후를 돌아보면, 2012년부터 10년간 혁신 조직에서 일하며 실리콘밸리를 거점으로 유럽, 이스라엘 등지의 많은 기업과 대학, 스타트업, 벤처캐피털VC 등과 함께해온 그 자체가 '혁신 조직의 로드 트립Road trip'이었습니다.

2030년의 산업, 기술, 경제에 관하여 많은 전문기관들이 전망을 발표하고 있습니다. 저 역시 그동안 혁신 로드 트립을 통해서 얻은 배움으로, 그간 함께해왔던 동료들과 앞으로도 같이 일할 수 있기를 바라고 있습니다. 200여 명의 혁신 인력들은 지금도 여러 분야에서 일하고 있고, 제가 새롭게 일을 해 나가고자 하는 길 또한 그들이 걷고 있는 것과 다를 바 없을 듯합니다.

혁신 사장 주관으로 같이 일한 동료 모임Reunion도 미국에서 진행하고 있으며, 서로가 하고 있는 일을 이야기하기도 하고, 같은 생각을 갖고 있으면 새로운 일을 같이 하기도 합니다.

2023년 이후에는 저 스스로 '혁신 내비게이터 역할'을 하기 위해 그동안 배운 것을 공유하며, 같이 일해온 동료들과 더불어 새로운 로드 트립을 만들어 갈 생각입니다.

미래 10년의 준비는 게임체인저를 찾는 데서 시작된다

*게임체인저 : 사전적인 의미는 시장의 흐름을 통째로 바꾸거나
판도를 뒤집어 놓을 만한 결정적 역할을 할 기술

향후 10년 후에 게임체인저Game changer가 될 분야를 SSIC 키워드와 연결하여
선정해 보았습니다.

2030년 게임체인저 10

S 국가 전략자산 반도체 | Strategic Semiconductor

① 메타버스 핵심 기술 확보 HPC, 양자 컴퓨팅

② 위탁생산파운드리 경쟁력

③ 시스템 반도체 일류화

④ 반도체 핵심 소재·장비·부품

S 스마트 머신 Smart machines

⑤ 자율주행차

⑥ 로봇

I 지능형 사물인터넷 Artificial Intelligence of Things

⑦ 스마트 팩토리

⑧ 디지털 트윈

C 개인 건강관리 Clinic

⑨ 디지털 헬스케어 서비스

⑩ 디지털 치료제 | Digital Therapeutics, DTx

02

S

: 반도체는 미래 국가 전략 자산

연결의 순간 Ⓢ

● Strategic Semiconductor ●

과거 반도체가 '산업의 쌀'이었다면,
미래 반도체는 기간산업에 지대한 영향을 주는 '전략 자산'이다

경영 컨설팅사 맥킨지&컴퍼니는 2030년 전망과 관련하여 "반도체 시장이 약 1조 달러 규모에 이를 것"이라 했습니다. 그리고 반도체 산업의 게임체인저는 자동차, 데이터 센터컴퓨팅, 스토리지, 통신 분야로써 이들 분야가 향후 산업 성장을 이끌어 갈 것이라 봤습니다.

반도체의 지난 10년을 돌이켜 보면, 응용시장과 기술적인 혁신이 많았으나 공급 체계Supply Chain 불안정으로 인한 산업 전반에 위험 요인이 있었습니다. 지금은 삼성전자와 인텔이 반도체 1위를 놓고 경쟁하고 있는데, 진정한 1위가 되기 위해서는 현재의 사업에 미래 시장 및 기술적 혁신이 더해져야 할 것입니다.

반도체 사업 환경을 둘러싼 안정적 인프라 구축, 시스템 반도체비메모리 분야의 경쟁력 확보와 혁신 필요 기술에 대해서 아래와 같이 정리해 보았습니다.

- 소재·부품·장비 등 반도체 소부장의 혁신
- 위탁생산파운드리 경쟁력
- 시스템 반도체비메모리 일류화
- 메타버스, 새로운 세상의 핵심 기술

반도체 소부장의 혁신

반도체 핵심 소재

2019년 일본의 '반도체 소재 수출규제' 조치로 인해서 일반인에게 알려진 반도체 주요 3대 전략소재품이 있습니다. '포토레지스터, 고순도 불화수소, 불화 폴리이미드Polyimid'가 그것입니다. 왜 이 3가지 소재가 중요한지는 미디어를 통해 많이 설명되었습니다. 당시 부모님, 지인들도 걱정 섞인 연락을 해오며 이 어려운 소재 이름을 이야기할 정도였습니다. 여기서는 간단히 설명하겠습니다.

포토레지스터는 메모리 제품에서 데이터를 읽고 쓰는 속도를 내는 장소와 데이터를 저장하는 장소의 공간을 미세하게 만들어 내기 위해 필요합니다. 불소는 공정을 진행한 후에 주변을 청소한다고 생각하면 됩니다. 그리고 폴리이미드는 강화 필름으로 디스플레이에 사용되는 재료입니다.

일본 내 기업이 이 3가지 핵심기술 시장을 70~90% 점유하고 있어서, 무역 분쟁으로 인한 수출규제 지속 시 반도체, 디스플레이 산업에 피해를 볼 수밖에 없습니다.

그리하여 삼성전자는 소재 개발을 위한 대응책을 준비 중에 있습니다. 출처 : 일본 니혼게이자이, 2021년 9월 '자체 공급망 국산화에 착수하여 20년에 상장사 8개 사와 상장사의 자회사 1개 사에 2,762억 원을 출자'함으로써 고순도 불화수소 국산화 테스트에 성공했으며, 포토레지스터 국산화 추진 등 국산화 및 공급선 다양화를 통해서 위험요인을 제거하고 있습니다. 그리고 현재까지도 불화수소 업체 솔브레인, 249억 원, 소재업체DNF, 210억 원 등을 통해 국산화 및 공급망 안정화를 추진하고 있습니다.

재료 업은 10년 장기 육성 프로그램

저는 기술원에서 근무한 적이 있었는데, 기술원에는 첨단 기술연구 분야의 전문가들 및 박사급 인력이 많습니다. 그중 한 재료 책임 임원이 '퀀텀 닷Quantum dot'이라는 반도체 나노 소재를 2000년에 10년 뒤를 보고 원천기술부터 시작한 것이, 2015년 미국 라스베이거스에서 제품으로 만들어져서 전시할 정도로 발전한 것을 보고 너무나 자랑스럽고, 흥분되었다 했었습니다.

이렇듯이 결과가 오래 걸려 나오지만 재료 연구의 중요성을 이해하여 삼성전자 수원 사업장에 종합재료연구소를 만들었습니다. 저 또한 운 좋게 그 당시 재료 연구 분야의 전문가들과 함께 계획을 세웠던 기억이 있습니다. 반도체, 에너지, 디스플레이 기술과 재료 연구소 내 전문가 간에 시너지 효과가 기대되는 5개의 연구소가 한 장소에 세워진 것입니다. 10여 년이 지난 지금까지도 연구성과를 위해서 많은 연구원들이 밤낮없이 일하고 있습니다.

앞으로도 반도체 재료 연구에 일본이 오랜 기간 투자를 통해서 보유한 '독점기술' 과정을 잘 분석하고, 독자적인 개발 및 공동개발, 기업 인수 등 통해서 그 격차Gap를 줄여가야 할 것입니다.

1나노 이하 기술 시대를 대비하는 강유전체 소재

이제까지 반도체 전문가들은 전자공학, 물리학 출신으로 반도체 소자Device Physics를 잘 이해하고, 개발에 기술을 몰두해 왔습니다. 앞으로는 재료 출신 연구자가 필요합니다. 기술적으로 반도체 칩의 집적도를 높이기 위한 기술도 필요하지만, 앞으로는 강유전체 재료와 같은 연구를 통해서 집적도 한계를 극복할 수 있습니다. 반도체 비휘발성 메모리와 커패시터, 적층 세라믹 커패시터의 핵심 소재가 될 것입니다.

반도체 칩이 완성된 후, 후공정 기술로 개발되는 WLP

반도체는 생산공정Package이 전Front-end공정과 후Back-end공정으로 구분됩니다.

칩을 만드는 것은 '전공정'이고, 칩을 포장Package하고 검사하는 것이 '후공정'입니다. 후공정에서 중요한 것은 '재료'입니다. 포장 기술은 반도체 칩이 제 역할을 할 수 있도록, 외부와 전기적으로 연결하고 보호제 같은 역할을 합니다. 일반적으로 칩과 포장 후 바깥에 골드와이어로Goldwire연결하는 기술이 일반적인데, 미세 패턴이 새겨진 기판Substrate을 기반으로 하는 기술이 사용 중에 있습니다.

과거에는 반도체 칩 전공정에서 바로 포장하는 WLP웨이퍼 레벨 패키지, Wafer Level Package를 오랫동안 연구했습니다. 그 결과 기술적 구현은 되었지만 얇은 기판의 완제품 후 품질 관리에 어려움이 많았습니다. 그래서 이제는 단순히 전공정에서 요구되는 기술이 아닌, 다양한 WLP 기술이 개발되고 있습니다.

반도체 생산공정이 단순화되는 데 있어서 '재료의 혁신'이야말로 기술적 게임 체인저가 될 것입니다.

포스트 12인치 웨이퍼

삼성전자는 반도체 사업을 하면서 웨이퍼 공급이 중요하다고 생각했고, 독일 웨이퍼 회사와 싱가포르에 합작사를 만들어 운영했었습니다. 웨이퍼는 1950년대에 용어가 등장하여, 1960년대에는 엠이엠씨, 썬에디슨 사가 제조했고 지금은 섬코, 신에쓰케미칼, 실트로닉 등 기업을 통해서 칩 업체에 제공되고 있습니다.

종종 웨이퍼를 피자 도우에 비유하곤 합니다. 식사하는 사람 수에 따라 피자의 크기가 달라지는 것과 같이, 웨어퍼의 크기가 커질수록 반도체 칩을 많이 생산할 수 있기 때문입니다. 이를 통해 생산 단가를 낮출 수 있으므로 기업들은 앞다퉈 기술 및 장비를 개발했었습니다. 1960년에 1인치, 1976년 4인치 웨이퍼가 사용되었고, 제가 삼성전자에 입사했던 시점인 1989년에는 6인치 웨이퍼가 대세를 이루었습니다. 그리고 1992년경, 삼성전자 기술기획팀 근무 시 12인치 연구라인 건설 TF Task Force팀에 1년여 정도 파견을 나가 공정개발 전문가들과 함께 세계의 장비업체들과 기술 공동 협력을 합니다. 그 결과, 삼성전자는 메모리 업체 세계 최초로 연구라인에서 시생산 제품을 완성했습니다. 당시 생산량 기준으로 크기가 2.25배 커진 만큼 제품 수를 늘려서 시장에서 점유율 확대, 사업 수익성 증대에 기여할 수 있었습니다. 2000년대 이후로는 12인치를 사용 중에 있습니다.

웨이퍼 변경은 소재 변경만으로는 안 되고 장비의 크기와 높이, 생산라인의 건물 층 높이, 새로운 화학물 등이 같이 변화되어야 합니다. 다행히 비메모리 업체 인텔이 시생산 제품을 하고 있었기에, 이를 일부는 참고하여 성공할 수 있었습니다.

그렇다면 차세대 웨이퍼인 16인치약 400mm, 또는 18인치450mm는 언제 등장할 수 있을까요?

국제반도체기술로드맵ITRS이라는 미래기술 예측 기관이 있습니다. 여기서도 2000년부터 차세대 웨이퍼에 대한 논의가 많았습니다. 12인치에 비하여 2배 이상의 생산성이 보장되기 때문입니다.

2012년 이후 논의가 본격화될 때만 해도 곧 연구라인이 가동될 것 같았는데 10년이 지난 현시점에도 아직 상용화가 되지 않고 있습니다. 경제성 문제에 더해 기술 난이도가 올라가는 데다, 웨이퍼가 커지면서 휨Warpage 현상으로 인한 기술 및 재료 특성의 확보에 어려움이 많기 때문입니다. 그리고 사실 TSMC 입장에서는 삼성, 인텔이 웨이퍼 대구경화에 따른 주도권 경쟁에서 뒤처질 수 있다는 위기감이 있었습니다. 출처 : Chiang Shang-Yi – Co-chief operating officer of TSMC

앞으로 몇 년 내에 논의가 재개되기는 어렵겠지만, 반도체 실리콘 기술의 한계가 언급되고, 생산 공정 전체가 자동화가 되는 시점이 되면 반도체 업체들은 다시 검토를 할 것입니다. 차세대 웨이퍼가 게임체인저가 될 수 있기 때문입니다.

차세대 패키지 유리 기판

패키지 유리 기판Glass Substrate은 반도체와 메인보드전자제품, 스마트폰, PC 등 간 전기적 신호를 전달하는 역할 및 반도체를 외부 충격으로부터 보호해 주는 역할을 합니다. 현재는 플라스틱 기판에 미세회로를 만들고 있는데 집적도한계에 봉착하게 될 것으로 보고 있으며, 이에 유리 기판이 재료 혁신을 이루어 전자제품의 성능 및 비용 절감하는 효과를 가져오리라 판단하고 있습니다. 삼성전기, SKC 자회사A사, 실리콘 밸리의 3dGS 등 기업들이 연구개발 및 본격 생산을 위한 투자를 진행 중에 있습니다. 이는 현 모바일 기기, PC 외에 고속 데이터 처리가 필요한 고성능 컴퓨팅High performance computing과 관련해서도 사용성이 커질 것으로 보입니다.

차세대 노광 장비 기술

반도체 칩을 설계한 후Circuit 회로 패턴을 웨이퍼에 그려 넣기 위해 빛으로 패턴을 만드는 것을 노광공정Lithography이라 합니다. 광원의 파장 길이에 따라 다양한 회로 선 폭의 공정이 가능한데, 단파장이 되어야 미세한 공정을 진행할 수 있습니다.

예전에 반도체 노광장비는 사진 기술을 가진 일본회사, 즉 니콘과 캐논이 주로 공급했고, 그밖에 미국 SVGL, 네덜란드 ASML이 있었습니다. 지금은 네덜란드의 ASML사가 독보적인 노광장비 기술을 가지고 있고, 반도체 생산업체의 경쟁력은 이 회사의 다음 세대 노광장비를 몇 대 수주를 받느냐에 영향받고 있습니다. 네덜란드 ASML사 최고경영자 피터 벤닌크와 미팅만 해도 기업의 주가가 움직일 정도로 그 위상이 대단합니다.

기술적으로 좀 더 상세하게 설명해 보겠습니다. 노광기술은 광원의 길이에 따라 구분되는데 g-라인436nm, h-라인405nm, i-라인365nm, DUVKrF 248nm, ArF 193nm, F2excimer 157nm, EUV13.5nm로 발전되어 왔고, 이후는 엑스레이 또는 전자빔Electron beam 기술을 이용한 차세대 노광 장비가 연구개발 후보로 검토되고 있으나 생산성 이슈가 문제로 남아 있습니다.

삼성전자, TSMC, 인텔, 중국 반도체 생산업체 등의 최고경영진들은 직접 ASML에 방문하여 장비 수주를 위해 노력하고 있습니다. 한편, ASML은 차세대 노광장비를 위해 장비의 렌즈 개구 수Numerical Aperture를 높이는 '하이High NA' 기술을 개발 중입니다.

1나노 이하 시대에는 '비욘드Beyond EUV 극자외선'라고 하는, 한마디로 파장을 더 짧게 만드는 기술이 중요하게 되었습니다. EUV에 물리적 한계가 온다고 본다면 그다음은 고밀도 재료가 후보인데, 그 물질이 가돌리늄Gadolinium과 터븀 Terbium 이온입니다. 이렇듯 초파장을 만들 수 있는 재료가 발견되더라도 더 높은 전력Power, 더 정밀한 광학계가 필요합니다. 이런 이유로 비욘드 EUV를 위한 게임체인저를 찾는 노력이 여전히 진행 중에 있습니다.

미국 보스턴과 유럽 뮌헨 등에서 반도체 소재 분야 관련 연구가 활발히 이루어지고 있습니다. 투자에 관심이 있다면, 세콰이어 캐피털 등 벤처캐피털의 투자 포트폴리오를 분석함으로써 미래 준비를 하는 것도 좋은 방법일 것입니다.

위탁생산 경쟁력

파운드리 사업 34년 역사의 TSMC, 시장 50%를 장악

파운드리 시장은 2000~2020년 사이 무려 500% 고성장한 산업입니다. 급속한 디지털화에 따라 수요처가 늘어나면서, 설계업체Fabless 증가 및 종합 반도체 IDM, Integrated Device Manufacturer의 기존 설계, 공정, 제조 중에서 제조 부문을 외주 Fablite화한 영향 때문입니다.

파운드리는 한마디로 반도체 설계 업체Fabless로부터 반도체 설계도를 받아 생산을 대행해 주는 것입니다. 1987년부터 이 사업을 시작한 TSMC가 1위 기업입니다. 이어서 삼성전자, UMC, 글로벌 파운드리, SMIC 순입니다.

시장 점유율 50%를 보유하고 있는 TSMC를 분석해 보면 11,000여 개의 제품군고객 수와 비슷을 갖추고 있으며 애플, 퀄컴, 엔비디아, AMD, 브로드컴 등 대형 고객을 확보하고 있는 것이 강점입니다.

TSMC의 CEO 모리스 창이 강조하는 기업 이념은 "혁신, 성실, 고객이 왕"입니다. TSMC의 도움이 없이 지금의 엔비디아, 퀄컴이 있을 수 있었을까요? 그들은 고객과 경쟁하지 않고, 도움을 주는 경영철학을 가지고 있습니다. 이를 통해 충성 고객이 된 고객사들은 다른 업체를 찾아 떠나지 않습니다. 다만, 고객 입장에서는 제품 경쟁력 및 수익성 측면에서 기술 경쟁력을 보유한 기업으로 생산업체를 갈아탈 수 있습니다.

삼성전자는 TSMC와 기술경쟁을 하고 있는데, 2022년 6월 세계 첫 3나노 기술 개발 및 첫 제품 양산에 성공했습니다. 이제 기술을 갖춘 삼성전자와 많은 고객을 보유한 TSMC 간의 경쟁이 더욱 치열해질 것으로 보고 있습니다. 그리고 파운드리 시장의 성장에 따라 인텔, 하이닉스 등이 신규 파운드리 업체로 등장해 투자 계획을 발표하는 추세입니다.

기술적으로 보면, 나노nano, 1nm는 10억 분의 1m 기술은 3차원 구조를 만들어 내는 것으로 '예술에 가까운 일'이라 할 정도로 어려운 것입니다. 이 같은 기술을 통해서 제품 양산을 위한 공정 안정성 및 신뢰성이 확보되어야 합니다. 즉, 고객

제품을 생산하고 품질을 보증하는 과정까지 완료해야 하는 것입니다.

삼성전자는 5나노 기술에 비해 45% 전략을 줄이고, 성능은 23% 개선, 면적은 35% 축소한 것으로 발표했습니다. 3년이 지난 현재, 2나노 기술혁신의 경쟁은 지속되고 있습니다. 2030년에 파운드리 1위 기업은 기술혁신을 먼저 확보하는 기업이 될 것입니다.

핵심 설계 자산과 설계 자동화 기술 중요

파운드리는 제품 수가 많고 소량 생산다품종 소량하는 업이었습니다. 그런데 최근에는 단일 제품에 대한 대량 주문이 이루어지면서 이 사업의 시장 규모가 급격히 증가하고 있습니다.

소량이든 다량이든, 파운드리 회사 입장에서는 핵심 설계 자산IP 수가 경쟁력입니다. 2021년 기준으로 TSMC는 약 3만 5천여 개, 삼성전자는 약 9천여 개를 보유하고 있습니다. 출처 : 조사기관 트렌드포스 자료 물론 이 같은 핵심 자산 이외에 설계 자동화Design Automation 기술도 중요합니다.

설계 자산은 건물을 건축할 때 설계도와 같은 역할을 합니다. 특히 시스템 반도체에서 시스템 온 칩System On Chip 설계 시 핵심 요소인 중앙처리장치 CPU 설계 자산IP이 중요한 것과 같습니다. 설계 자산은 특정 용도의 집적회로 ASICApplication-Specific integrated circuit, 주문형 반도체와 개발자들이 용도에 따라 프로그램이 가능한 FPGAField-Programmable Gate Array, 이미 설계된 하드웨어를 반도체로 생산하기 직전 최종적으로 하드웨어의 동작 및 성능을 검증하기 위해 제작하는 중간 개발물 형태의 주문형 반도체를 만들 때 사용될 수 있는 논리 회로 블록을 의미합니다.

핵심 설계의 핵심Core은 CPU, 이더넷Ethernet 컨트롤러, PCIe 등입니다. 예전에는 칩 제조사들이 설계 개발자 역할까지 같이 했으나, 이제는 ARM, MIPS, 그레이Gray 등 전문회사들이 그 역할을 합니다.

대만 TSMC사는 약 3만 5천여 개의 핵심 설계 자산을 갖고 있고, 최근에 NXP와 자동차 분야 협력을 하여 미래 준비 중에 있습니다. 삼성전자는 기술혁신을 통한 경쟁력에서 앞서고 있으며, 향후 핵심 설계 자산 확보, 신규시장 업체와 협력 등에 집중할 것으로 보입니다.

2016년, 영국 ARM사를 소프트뱅크가 인수한 것이 정보통신 업계에서 큰 뉴스가 되었습니다. 지금은 미국, 한국 기업들이 450억 달러의 회사 가치를 감수하고 재인수를 하려고 합니다. 이 회사는 아콘Acorn 컴퓨터즈와 애플 컴퓨터, 그리고 LVSI 테크놀로지의 조인트 벤처로 시작하여 현재는 마이크로 프로세서MPU, 그래픽 처리장치GPU, 신경 처리장치NPU 설계 기술을 보유하고 있습니다. 이 기술이 적용될 응용처를 생각하면 왜 이 기업을 인수하려고 하는지 짐작될 것입니다.

전자 설계 자동화 EDAElectronic Design Automation는 전자 인쇄 회로 기판부터 내장된 회로까지 다양한 전자 장치를 설계하는 수단입니다. 반도체의 공정 기술 및 공정기술을 이용한 반도체 칩의 개발로 생산성을 향상시켜, 궁극적으로 전자회사들이 시장에 제품을 경쟁사보다 앞서 출시할 수 있도록 도움을 주는 툴

^{Tool}입니다.

이 분야의 글로벌 3대 기업으로는 케이던스 디자인 시스템즈^{이하 케이던스}, 지멘스, 시놉시스가 있습니다. 삼성전자는 클라우드 기반 집적회로 설계, 첨단 패키징 적격성 평가, 정전기 방전 규정 등 다양한 솔루션 협력 강화를 하고 있습니다. TSMC도 시놉시스와 협력을 통해서 최첨단 공정 생태계 구축 중에 있고, 인텔도 뒤늦게 위탁생산 사업에 뛰어들어 지멘스, 시놉시스, 앤시스 등과 협력하고 있습니다.

미국의 케이던스는 립부 탄^{Lip Bu Tan} CEO가 경영하고 있습니다. 저희 혁신 사장이 이 회사의 보드 멤버로 활동하고 있기도 해서 가끔 CEO를 직접 볼 기회가 있었는데, 회사에 대한 비전이 분명한 사람이었던 기억이 있습니다.

케이던스는 SDA시스템즈와 이캐드의 합병으로 시작된 전자 설계 자동화 기술 업체 중 선두 주자로서, 기업가치는 464.31억달러^{2023년 1월} 기준로 평가받고 있습니다. 개인적인 생각이지만 이 회사가 미래 파운드리 경쟁력을 위해 하나의 중요한 역할을 할 것으로 기대됩니다.

시스템 반도체 일류화

시스템 반도체의 70%가 미국에 있는 이유

전체 반도체 시장에서 시스템 반도체^{비메모리}가 70%, 메모리가 30%를 차지하고 있습니다. 좀 더 구체적으로는, 시스템 반도체 시장에서 미국의 인텔·퀄컴·브로드컴·TI·엔비디아·AMD 등이 70%를 차지하고 있고, 유럽의 NXP·인피니온이 10%, 한국 삼성전자·대만 미디어텍·일본 소프트뱅크가 인수한 ARM 등이 나머지를 차지하고 있습니다.

지금은 자동차 반도체 시장에서 CPU, GPU, NPU뉴럴프로세서, 그리고 차량용 전자 제어시스템ECU, Electronic Control Unit, DCU – Domain Control Unit 등 하드웨어에서 소프트웨어 제어 알고리즘 기술이 중요한 시대입니다. 이 같은 자동차 생태계의 변화에 대비하기 위해서 애플, 구글, 마이크로소프트, 일본 소니, 중국 바이두, 알리바바, 한국 삼성전자, LG 전자가 전장부품 사업을 강화하는 중입니다.

이 가운데 중요한 키워드로 떠오른 것이 시스템 온 칩soc입니다. SoC는 하나의 집적회로에 집적된 컴퓨터나 시스템 부품으로, 스마트폰과 태블릿의 중앙처리장치cpu, 그래픽 처리 프로세서GPU 등을 하나의 칩에 포함하여 칩셋Chipset 형태로 구성하므로 SoC라고 합니다. 삼성전자, 퀄컴, 엔비디아, 인텔, 프리스케일세미컨덕터, 애플 등 모바일 응용 프로세서 SoC를 경쟁적으로 개발하고 있습니다. 시스템 반도체 1위를 위해, 그리고 미래 응용시장을 대비하기 위해 경쟁적으로 SoC 역량 확보에 나서고 있습니다.

주요 조사기관들은 자율주행차의 본격화 시기를 2027~2030년으로 예측하고 있는데, 남은 5년 동안의 준비가 새로운 산업의 강자를 결정지을 것입니다.

ARM을 위협하는 모바일 오픈 소스 아키텍처

시스템 반도체 설계에 필수적인 중앙처리장치CPU 구조와 설계자산IP 등이 오픈소스로 공개되면서, 사용자와 개발자 입장에서 라이선스 비용 없이 자유롭게 구조 변경 및 설계가 가능해져 자체적으로 반도체 칩을 개발, 판매할 수 있게 되었습니다.

반도체는 스마트폰, 사물인터넷IoT, 웨어러블 기기 등 다양한 분야에 사용됩니다. 반도체 칩에서 두뇌 역할을 하는 것이 CPU인데, 현재 IoT, 웨어러블 반도체 칩의 약 90%는 영국 ARM사의 CPU를 사용하고 있습니다. 그런데 이 경우 설계 수정이 불가능하고 로열티 부담이 있어, 오픈소스 기반의 리스크 파이브RISC V 기반 칩이 CPU 제조·설계업체들의 주목을 받고 있습니다.

UC 버클리 대학을 중심으로 오픈소스로 개발된 이 CPU 명령 세트 아키텍처는 기존 특정기업의 독점 기술을 공유하는 차원에서 만들어진 것입니다. 이를 후원하는 기업은 구글, 휴렛 팩커드, IBM, 오라클, 퀄컴, AMD, 마이크로소프트, 엔비디아 등 CPU 제조 설계 기업들입니다.

삼성전자는 리스크 파이브 협회 회원사로 250여 개 업체와 공동으로 참여하고 있으며, 5세대 이동 통신 칩 방식을 적용하여 2020년 출시된 스마트폰의 5G 밀리미터 웨이브mmWave RFIC에 리스크 파이브 아키텍처를 적용했습니다.

여기에 더해 향후 인공지능, 이미지 센서, 자동차 시장도 겨냥해 개발 역량을 강화하고 있습니다. 또한 미국의 신흥 팹리스반도체 설계업체 사이파이브SiFive에 투자하는 등 스타트업과의 협력으로 생태계를 구축하기 위한 노력을 하고 있습니다.

미래 컴퓨팅의 전자·광 융합, 실리콘 포토닉스

실리콘 포토닉스는 실리콘 기반의 광학 기술입니다. 실리콘 칩 속에 모든 것을 집적한 상태에서 '신호가 광자로 옮겨지도록 하여 신호 프로세싱, 전송, 검출'을 할 수 있는 기술입니다. 포토닉스 산업은 과거 군수산업 광학, 현미경, 측정기 등에 사용되었으며 이후에는 통신, 정밀기계에 사용되어 왔습니다. 최근에 산업의 융복합이 일어남에 따라 '광+정보통신+나노 기술+바이오'로 응용이 확대되면서 성장이 기대되는 산업입니다. 인텔의 경우 양자 컴퓨터나 실리콘 포토닉스 등 첨단분야에 대한 선행 연구를 진행하는 인텔 랩Intel Lab을 통해 본격적으로 연구를 하고 있습니다.

전 세계적으로 데이터 센터에 있어 연결성Connectivity에 대한 요구가 급격히 증가 중이며, 특히 기기와 기기 사이에서 트래픽 발생이 폭발적으로 증가하고 있습니다. 하지만 네트워크는 데이터 증가 혹은 컴퓨팅 및 스토리지 성능 향상을 따라잡지 못하는 상황입니다.

이에, 클라우드 서비스 제공업체들은 대역폭 확대 및 네트워킹 저해 요소 제거를 위해 구리선보다 고속 연결을 가능하게 할 방법을 찾고 있습니다. 주니퍼 네트워크스Juniper Networks에서 분사한 오픈라이트Open Light 사가 반도체 설계용 실리콘 포토닉스 플랫폼을 신규 출시했는데, 인텔이 2022년 초 인수 발표한 바 있는 아날로그 아이시Analog IC 설계 기업 타워 반도체Tower Semiconductor가 해당 플랫폼의 첫 고객이 될 것이라 합니다.

칩 설계 기업들은 해당 플랫폼을 자사 칩에 빠르게 통합해 설계에 활용 가능할 것으로 예상하고 있습니다. 최근에는 네덜란드가 제2의 ASML 같은 반도체 광학 장비 기업 발굴을 위해서 약 1조 5천억 원 규모의 투자 계획을 발표했습니다. 정부와 에인트호번 공과대학, 트벤테 대학 등이 공동 투자를 통해서 실리콘 포토닉스 기술 기업을 육성할 계획입니다.

반도체 자동 설계EDA 업체 중 하나인 시놉시스는 통신 솔루션 기업 주니퍼 네트워크스와 합자회사를 설립했으며, 휴렛패커드 엔터프라이즈HPE도 이야랩스와 손잡고 기술개발과 상용화 추진하는 등 글로벌 기업들의 전략적인 투자 및 협력이 강화되고 있습니다.

삼성전자는 연구소에서 개발 준비를 하고 있는데, 데이터 센터향 고속 반도체 기술 등을 적용할 미래 기술로 생각하고 외부 전문가와도 긴밀하게 기술에 대한 이해 및 네트워크를 확대해 나가고 있습니다.

메타버스 세상에서의 핵심 기술

가상세계에서의 시행착오를 줄여줄 데이터 기반의 기술혁신

인공지능, 빅데이터, 클라우드 등의 기술혁신은 현실의 데이터를 활용해 가상 공간에서 다양한 시뮬레이션을 통해 시행착오를 줄이고, 알고리즘을 통해 최적의 선택을 도와주는 등 다양한 산업분야에 적용되고 있으며 앞으로도 적용 범위가 더욱 확대될 것입니다.

디지털 전환이 가속화되면서 인공지능AI 기술에 대한 수요가 증가하고 있는데 AI 기술이 자동차, 금융, 헬스케어, 교육 등 주요 산업과 접목해서 자율주행차, 챗봇 등의 서비스에 적용되기까지는 기술혁신이 필요합니다. 그런 와중에 기존 컴퓨팅의 성능은 한계에 봉착한 상태로 보입니다. 이에 따라 고속 인터 페이스를 사용하고 용량 확장이 가능한 메모리 개발이 중요하게 되었습니다

이들 기술혁신에 있어서 주목받는 핵심기술은, 데이터 센터향 AI 반도체 기반 기술PCIe, CXL, 차세대 컴퓨팅 시스템HPC, 양자 컴퓨팅입니다.

고속 대용량 데이터 처리를 위한 PCIe

프로세서와 저장장치, 그래픽 카드 등을 직접 연결해 데이터 병목 현상을 없애고 데이터 전송 속도를 끌어올리기 위해 만들어진 규격이 바로 PCI 익스프레스PCIe입니다. 처음에는 프로세서와 대용량 데이터를 빠르게 주고 받아야 하는 그래픽카드에 주로 사용되었지만 이후 하드디스크 드라이버SATA3 HDD 대비 10배 이상 빠른 SSD로 용도가 확대되었습니다.

삼성전자는 서버용 PCIe 5.0 SSD 'PM1743'를 개발했고, 인텔은 12세대 코어 프로세서엘더레이크에 그래픽카드용으로 PCIe 5.0을 처음 적용했습니다. 향후 대용량, 고속 데이터 전송이 필요한 AI, 딥러닝, 빅데이터, 고성능 컴퓨팅HPC에 대비해 PCIe 성능의 지속적인 향상이 추구될 것입니다. 2023년 말에는 PCIe 6.0 서버용 적용이 될 것으로 예정하고 있습니다.

차세대 메모리 솔루션, CXL

메모리에 AI 프로세서 기능을 탑재한 PIMProcessing in Memory, 컴퓨팅 스토리지 등과 함께 CXLCompute Express Link 기반 디램DRAM 모듈이 차세대 메모리 솔루션으로 주목받고 있습니다.

메모리 반도체 업체들이 기술을 개발하고 있는데, CXL은 고성능 컴퓨터 시스템에서 CPU와 함께 사용되는 가속기, 메모리, 저장장치 등을 보다 효율적으로 활용하기 위해 새롭게 제안된 인터페이스 기술입니다. 이는 기존 컴퓨팅 시스템 메모리 용량의 물리적 한계를 극복하고 디램의 용량을 획기적으로 확장할 수 있습니다.

삼성전자는 2021년 5월 세계 최초로 CXL 기반의 디램 기술 개발에 성공했습니다. 그리고 이를 인공지능, 머신러닝, 빅데이터 등 데이터 센터의 성능을 획기적으로 개선하는 차세대 리더십 기술로 발표했습니다. 인텔의 플랫폼에서 검증을 마쳐 차세대 데이터 센터가 요구하는 대용량 디램 솔루션 기반 기술을 확보한 것입니다.

이 기술 분야와 관련된 스타트업들이 많이 생겨났습니다. 기존 혁신 조직 내 스토리지 및 자율주행차 분야에서 활동했던 시스템 네트워크 전문가 또한 스타트업Elastics.cloud을 창업했습니다. 약 2,600만 달러를 투자받았고 미국, 인도 등 기술 엔지니어들이 전략적 파트너들과 함께 기술혁신을 하고 있습니다.

차세대 컴퓨팅 시스템

고성능 컴퓨팅HPC, High Performance Computing은 고성능 병렬 컴퓨팅이라고도 합니다. 높은 사양 하드웨어를 최대한 활용하여 최대한 계산을 빠르게 수행하는 컴퓨팅 기술입니다.

미래에는 시스템 이종heterogeneous화, 메모리와 스토리지, 네트워크 및 인터커넥션, 인공지능 기술 등 기술개발이 이뤄짐으로써 엑사스케일급exascale의 슈퍼컴퓨팅 시대가 열릴 것으로 보고 있습니다. 즉, 기존 슈퍼 컴퓨터 7대를 한 대에 묶어 놓은 엑사스케일 슈퍼컴퓨터가 등장할 것입니다.

2022년 6월 휴렛패커드 엔터프라이즈HPE는 현존하는 최고 성능의 슈퍼 컴퓨터보다 10배 빠른 시스템을 개발했습니다. 이는 과학자들의 복잡하고 어려운 문제를 해결하고 시간을 혁신적으로 줄여줌으로써 암과 질병 진단 및 예후, 치료제 발견, 재생 에너지 개발 등에 기여할 것입니다.

최신 클라우드 데이터 센터의 컴퓨팅과 다양한 애플리케이션으로 인해 GPU를 이용한 가속 클라우드 컴퓨팅이 폭발적으로 증가하고 있습니다. GPU를 일반 연산에 사용한 GPGPUGeneral Purpose GPU는 2차원의 배열 구조를 가지고 있는 수백 개의 코어를 병렬로 계산하기 때문에 CPU에 비해 투자비용 대비 계산성능이 뛰어나 HPC 분야에서 중요한 역할을 합니다. 이에 따라 구글, 아마존 앱서비스, HPE, IBM, 시스코 등 시스템 업체와 삼성전자, 인텔, AMD, 엔비디아 등 반도체 기업들이 차세대 XPU 개발을 위한 기술 개발 및 투자를 확대하고 있습니다.

삼성전자는 그래픽 기능을 대폭 강화한 프리미엄 모바일 AP 엑시노스 2200을 출시했습니다. AMD와 공동개발한 GPUGraphic Processing Unit 엑스클립Xclip이 탑재된 콘솔 게임 수준의 고성능 고화질 게이밍 경험을 제공합니다.

인텔은 저전력, 고성능 하이브리드 아키텍처 제품을 발표했고, 엔비디아도 게임에 최적화된 3차원 가상세계 구축 기술을 발표했습니다.

큐비트 처리가 가능한 양자 컴퓨팅

기존 컴퓨터와 양자 컴퓨터의 기본적인 차이는 데이터 연산 처리 방법에 있습니다. 데이터 연산 처리에 있어 기존 컴퓨터는 비트bit로 한다면, 양자 컴퓨터는 큐비트qubit로 하는데 이는 0과 1의 데이터 처리를 00, 01, 10, 11로 처리하는 것입니다. 양자 컴퓨터가 슈퍼 컴퓨터를 능가한다는 것을 밝히려면 양자 우월성 증명되어야 하는데, 2019년과 2021년에 구글과 중국과학기술대의 연구 논문을 통해 무작위 양자 회로 방법의 우수성이 입증되었습니다.

실제로 2019년 구글은 슈퍼 컴퓨터로 1만 년이 걸리는 연산을 54큐비트로 200초 만에 연산하는 프로세서를 선보인 바 있습니다. IBM도 2021년에 127큐비트 연산처리 프로세스를 개발, 발표했습니다.

삼성전자는 종합기술원에서 연구과제로 진행하고 있고, 아울러 혁신 조직 내 투자 펀드를 통해서 양자 컴퓨터 기반 기술을 보유한 회사인 미국 아이온큐

IonQ, 이스라엘 클래시큐Classiq 2개 사에 약 600만 달러를 투자하는 등 전략적 파트너 십을 강화하고 있습니다.

이외 리게티Rigetti, 디 웨이브D-Wave 등 이 분야의 기업들이 늘어나는 추세입니다. 구글도 산타바바라Santa Babara에 양자 컴퓨팅 연구소를 공개했고, 슈퍼 컴퓨터가 해결 못한 일들을 양자 컴퓨팅을 통해 해결할 수 있으리라 자신하고 있습니다.

참고 문헌 및 자료

《Quantum Computing for Computer Scientists》 Noson S. Yanofsky, Cambridge University Press

《High performance computing》 Thomas Sterling & Maciej Brodowicz 외 1명, Morgan Kaufmann

《Silicon Photonics Design》 Lukas Chrostowski & Michael Hochberg, Cambridge University Press

《RISC-V Reader: An Open Architecture Atlas》 David Patterson & Andrew Waterman, Strawberry Canyon

〈Western Digital : RISC V 차세대 컴퓨팅 아키텍처 가속화〉 IT 데일리

〈실리콘 포토닉스 테크놀로지-미래컴퓨팅, 데이터 통신을 위한 광I/O 플랫폼〉 김경옥, 나노인터페이스소자연구실 31권 6호

실리콘 포토닉스 기술, 실리콘 포토닉스 한국전자통신연구원(ETRI)

그외 인텔 실리콘 포토닉스 관련 자료 / HPE, 델 컴퓨팅, 오라클, 인텔, AMD, 엔비디아 등 고성능 컴퓨팅 관련 자료 / 2022년 대한민국 4차산업혁명 페스티벌 지디넷코리아 / 삼성 뉴스룸 등

03

S
: 자율주행과 로봇 시대로 만들어질 편리한 세상

연결의 순간 S

● Smart machines ●

포스트 모바일 시대의 새로운 플랫폼을 기대하게 만드는
기술의 총합체 및 이를 선점하기 위한 혁신기술 가속화

자율주행 핵심, 센서 라이더 기술

'자율주행차에는 천 개의 센서가 필요' 하다고들 합니다. 사람이 운전할 때는
방향, 거리, 돌발적인 상황에서 반응 등 모든 기능을 눈이 해줍니다. 즉, 눈이 센
싱하고 손과 몸이 빠르게 반응합니다. 이 같은 눈의 기능을 구현하기 위해 자동
차에는 천 개의 센서가 필요한 것입니다.

센서 시장은 카메라, 레이더, 라이더로 구분되는데, 한 마디로 표현하자면

'99% 카메라와 레이더 기술 + 1% 라이더 기술'로 구성되어 있다고 볼 수 있습니다.

라이더Lidar는 자율주행차의 첨단 운전자 시스템ADAS 가동에 필요한 핵심 장비입니다. 펄스Pulse 레이저빛를 발사해 돌아오는 소요시간을 측정해 대상object과의 거리와 방향 등을 확인합니다. 라이더 시스템은 컴퓨팅 역할을 하는 라이더용 반도체, 펄스레이저, 디텍터탐지기 3가지로 구성됩니다.

자율주행차의 성능은 카메라와 레이더 기술을 통해서 높여가는 데, 안정성은 라이더 기술이 해 줍니다. 즉 3가지 기술의 상호보완성이 있어야 합니다.

라이더 분야의 대표적인 회사는 벨로다인Velodyne Lidar입니다. 제품 가격이 7만 5천 달러로 가격이 비싼 것이 가장 큰 문제입니다. 자체 개발한 허니콤브HoneyComb의 가격을 7,500달러로 낮추고자 했으나 비싼 재료비 때문에 가격을 내리지 못했습니다. 그리하여 테슬라는 이런 단점을 해결하기 위해서 라이더 없이 카메라와 레이더 기술만 갖고 자율주행차를 만들어 보겠다고 하고 있습니다.

벨로다인 외에도 라이더와 관련해서는 루미나Luminar Technologies, 이노비즈Innoviz Technologies, 오스터Ouster, 에아이AEye, 쿼너지Quanergy Systems, 테크라 뷰Tetra Vue 등 많은 기업들이 제품 가격을 낮추는 기술혁신을 하고 있습니다.

삼성전자 또한 라이더 개발을 본격적으로 시작하여 2026년 상용화 목표로 '메타 라이더 칩'을 개발 중에 있습니다. 이 칩은 빛의 굴절 데이터를 수집해서 거리 등을 계산하는 역할을 합니다. 광 특성을 자유자재로 제어할 수 있는 메타물질을 사용해 초소형으로 칩을 만들었습니다.

미래 전장부품, 토털 전장

전기차, 자율자동차에서 전장전기장치이 중요한 이유는 무엇일까요? 전장부품은 파워트레인변속 제어, 주행 안전브레이크 제어, 스티어링, 자율주행 ADAS, 바디공조, 에어컨 제어, 에어백, 타이어 공기압, 인포테인먼트디스플레이, 내비게이션, 오디오, 음성인식 등에서 주요한 역할을 하기 때문입니다.

차량용 인포테인먼트, 파워트레인을 비롯한 글로벌 자동차 전장시장의 성장세는 완성차 업체의 전동화 추세에 영향을 받았습니다. 테슬라를 비롯한 빅테크 기업이 전장시장에 진입하고 있고 구글, 애플, 소니, 삼성전자 등도 전장사업을 강화 중입니다.

전장은 향후 자율주행차 시대에도 큰 수요가 있을 것으로 전망되는데, 내연기관차와 전기차는 구조와 탑재되는 부품이 전혀 달라 전동화 추세에 따라 자동차 부품 업계에도 영향을 받을 것이기 때문입니다. 여기 완전 자율주행까지 가능해지면 시장 가능성은 무궁무진해집니다.

전자업계는 디지털 콕핏, 인포테인먼트 콘텐츠, 디스플레이, 사운드 등을 일컬어 '토털 전장'을 준비하고 있습니다. 인텔은 자율주행 플랫폼 모빌아이 Mobileye를 인수함으로써 하나의 칩으로 보행자 충돌 경고, 자동차 차선 이탈 경고, 차간 거리 모니터링, 과속 표지판 인식 기능 등 수행 핵심기술을 구현한 자율주행차 개발을 추진 중입니다.

삼성전자는 하만을 인수 후 주력제품인 디지털 콕핏, 즉 오디오, 비디오, 내비게이션 등을 디지털 계기판으로 통합한 형태의 차량 조종석을 개발하는 등 토털 전장 사업을 준비하고 있습니다. 시스템LSI 사업부는 차세대 차량용 반도체 개발을 완료했습니다.

산업 로봇에서 휴머노이드 웨어러블 로봇으로의 진화

인공지능, 사물인터넷, 5세대 이동통신, 가상현실 등 서비스 로봇 기술이 미래 산업의 핵심이 되었습니다. 서비스 로봇이란 가정, 의료, 교육 및 국방 등 기존의 산업, 제조 이외 분야에서 인간을 대신하여 복지나 전문적인 작업을 위해 유용한 서비스를 제공하는 로봇입니다.

최근 서비스 로봇의 기술은 휴머노이드 로봇으로 각광받고 있습니다. 세계적인 노인 인구 증가에 따라 노인을 위한 보조 로봇 및 동반자Companion 로봇에 대한 수요도 증가하리라 전망됩니다. 처음으로 등장한 서비스 로봇은 1965년 미국 GE에서 개발한 '하디맨Hardiman'입니다. 이후에 일본 쓰쿠바 대학, 미국 캘리포니아 주립대학 등이 보행보조로봇을 연구했습니다.

한편, 입고 벗는 웨어러블 로봇 또한 큰 주목을 받고 있습니다. 이를 위해서는 센서, 배터리, 모터 제어 분야, 신체 부위별 근육에 최적의 소재 기술, 부상 방지용 소프트웨어 기술 등이 필요합니다. 결국에 웨어러블 로봇 하드웨어, 소프트웨어, 데이터 통합 관리 플랫폼을 만들어 다양한 신체에 효과적으로 활용하는 데 특화된 로봇이 만들어져야 합니다.

CES 2020에서 시연 중인 삼성전자 웨어러블 로봇, 젬스 출처 : 삼성전자 글로벌 뉴스룸

미국 더블 로보틱스Double Robotics의 모바일 보조 로봇은 제조 시설 투입, 노인 보조 등의 역할을 목적으로 만들어졌습니다. 미국 지보Jibo는 노인 보조를 위한 휴머노이드 로봇을 제조했으며, 네덜란드 에어버스Airbus는 위험하고 단조로운 작업을 수행하는 항공기 조립라인에 휴머노이드 로봇을 배치할 계획입니다. 일본 소프트뱅크 로보틱스Softbank Robotics의 페퍼Pepper는 인간의 얼굴과 기본적인 감정을 인식할 수 있습니다.

삼성전자는 2019년 CES에서 GEMSGait Enhancing and Motivating System을 처음 공개했는데, 이는 근력 저하, 질환, 상해 등으로 보행에 어려움을 겪는 이들을 돕는 보행 보조 로봇입니다. 2020년에는 미국식품의약국FDA에 고관절 착용용 로봇 시판 전 신고를 마쳤고, 2022년 8월에는 발목ankle, 무릎knee, 고관절hip 3개 모델 제품 3~5만 대를 출시하여 본격적으로 로봇 시장에 뛰어들었습니다.

로봇과 자동차의 융합시장에 기회가 있다

최근 테슬라가 휴머노이드 로봇 '테슬라 봇, 옵티머스'를 곧 선보일 것으로 알려졌는데, 아마도 '자동차와 로봇의 융합'을 생각하고 있는 것 같습니다.

국내 현대차그룹은 로봇 공학기업인 보스턴 다이내믹스Boston Dynamics를 인수함으로써 자동화, 자율주행, 모빌리티 서비스 등의 스마트 모빌리티 솔루션 기업으로 전환하고자 합니다. 이는 모빌리티의 혁신이 될 것입니다.

저희 혁신 조직의 스마트 머신팀이 자율주행차 연구 후에 물류이동 로봇 관련 과제를 진행하면서 월마트도 협력 제휴를 했었는 데, 지금은 개발 인력들이 로봇 관련 스타트업Summer Robotics을 창업하여 열심히 이 분야의 기술혁신을 하고 있습니다.

참고 문헌 및 자료

《넥스트모바일: 자율주행 혁명》 호드 립슨 & 멜바 컬먼, 박세연 역, 더퀘스트

《자율주행 차량과 로봇》 장규환 외, 도서출판홍릉

《4차 산업혁명 로봇 산업의 미래》 박현섭 외, 크라운 출판사

《Creating Autonomous Vehicle Systems》 Shaoshan Liu 외, Morgan & Claypool publishers

《Modern Robotics》 Kevin M. Lynch 외, Cambridge University Press;

〈라이더는 어떻게 자율주행차의 총아가 됐을까?〉 로봇신문사

〈자율주행차의 부족한 '1%'…라이다(LiDAR) 센서 꼭 필요〉 한경Geeks

〈완전한 자율주행을 위한 도전, 카메라와 라이더〉 기술과 혁신

그외 삼성 뉴스룸 등

04

Ⅰ
: 지능형 사물인터넷이 구현하는 패러다임 변화

연결의 순간 Ⅰ

● (Artificial) Intelligence of Things ●

4차 산업혁명의 핵심인 스마트 팩토리, 디지털 트윈 등을 통한
메타버스 패러다임으로의 진화

4차 산업혁명의 '스마트 팩토리'는 가상공간과 연결

4차 산업혁명 시대의 시작은 독일의 인더스트리Industial 4.0이었습니다. 처음엔 제조업 기반의 자동화 개념에 초점을 맞춘 것이었으나, 이후 글로벌 반도체, 휴대폰, 자동차 등 생산 기반의 투자가 확대되면서 지능형 스마트 팩토리가 중요하게 되었습니다.

2022년 세계 반도체 공장 29개가 신규로 만들어지고, 2021년 기준 14억 대의 휴대폰 시장, 글로벌 60여 개 주요 자동차 브랜드에서 생산하는 자동차 약

6,700만 대의 시장에서 자동화 개념이 지속적으로 기술혁신을 이룩하고 있습니다. 세계 선두 기업들은 사물인터넷 기반 인공지능, 빅데이터 등의 첨단 기술을 적용한 플랫폼 기술을 통해 제조업 경쟁력을 강화하고, 정보통신기술을 활용해 지능형 공장을 구축하고 있습니다.

스마트 팩토리의 핵심 기반 기술로는 사이버 물리시스템CPS, 설비 작동이 디지털 세계에서 동기화, 로보틱스유형화되거나 체계화되지 않은 공정 업무 수행, 3D 프린팅모델링, 프린팅, 후처리 공정 등 정밀 기술, 사물인터넷 기반의 포그 컴퓨팅실시간 대량 데이터 클라우드로 보내 제조 현장 제어, 사이버 보안 기술가상공간에서 각 프로세스 통합 등 있습니다.

생산 현장에서는 실시간 데이터를 수집하고 의미 있게 분석해 적기에 의사결정을 해야 합니다. 이를 위해서는 클라우드 환경에서 데이터를 관리해 왔던 기존 방식과는 달리 제조 현장 가까이서 활용될 수 있는 포그 컴퓨팅Fog computing 등 통해서 비용 효율화, 프로세스 단순화, 양품의 제품 생산을 가상공간에서 모니터링 및 제어가 가능해져야 합니다.

스마트 팩토리 분야의 선도적인 10대 기업으로는 보잉, BMW, GM, 삼성전자, 지멘스, 인텔, 휴렛패커드, 노키아, 에릭슨, 펩시코를 들 수 있습니다.

삼성은 5G, 인공지능, 로보틱스, 사물인터넷 등을 활용해 혁신을 이끌고 있는 데에 높은 평가 점수를 받았습니다. 출처 : 영국 메뉴팩처링 글로벌 2020 미국 GE는 사물인터넷 접목 및 빅데이터 분석을 통해 공정 최적화, 인텔은 생산 공정 사전 검증 및 실시간 설비 관리, 테슬라는 산업용 로봇 적용해 유연한 생산 체계를 구축했고, 독일 지멘스는 자동화율 75% 달성 설비와 시스템 간 연동 체계 구축, 일본

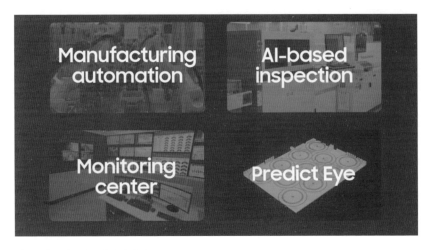

삼성전자 스마트 팩토리 소개 화면 출처 : 삼성전자 공식 유튜브

도요타는 기존 JIT 체계를 고도화, 공급망 정보, 통합 관련 등이 강점입니다. 이처럼 각국의 대표기업들이 사물인터넷 기반의 기술혁신을 적극적으로 추진하고 있습니다. 향후 메타버스 세계에서 가상화 기술과의 접목을 통해 더욱 발전이 가속화될 유망한 산업으로 전망됩니다.

삼성전자 반도체 스마트 팩토리 센터는 인공지능, 사물인터넷, 빅데이터 등 최신 디지털 기술을 접목하여 전 공정에 불량률 감소, 에너지 효율을 제고하고 있습니다. 나아가 중소기업체와의 상생협력 차원에서 그간 쌓아온 기술적 경험을 활용해 스마트 공장 구축 지원 사업을 추진하고 있습니다.

기존 혁신 조직 내 사물인터넷 인력들 중 현재 글로벌 책임자는 투자자로 활동하고 있고, 개발인력들은 애플, 시스코, 르노 자동차 등 제조업 기반의 다양한 분야에서 생산 하드웨어 및 소프트웨어 기술혁신을 위해서 일하고 있습니다.

디지털 트윈이 만들어 가는 세상

디지털 트윈은 '현실 세계를 가상 세계로 구현하는 기술'입니다. 1970년 미국 나사NASA, 항공우주국에서 고장난 아폴로 13호의 무사 귀환을 위해 우주와 유사한 환경을 만들고 모의 귀환 시뮬레이션을 진행한 데서 착안된 개념으로 알려졌습니다. 이후 2022년에 라스베이거스 가전 쇼CES에서 공개되었습니다.

3차원 모델링, 사물인터넷, 인공지능, 증강·가상 현실AR·VR 등을 통해서 데이터를 분석, 예측한 것을 5세대 이동통신, 클라우드, 에지 컴퓨팅, 보안 기술을 최적화하여 현실과 가상 세계를 하나의 세계와 같이 만들어 가는 것입니다.

디지털 트윈은 실제 시스템의 물리적인 상태를 실시간으로 미러링하는 가상의 모델로 운영됩니다. 교통, 의료, 도시개발 등 다양한 분야에 활용될 수 있습니다. 이 분야의 대표적 글로벌 기업으로는 GE, 엔비디아, 아마존, 마이크로소프트, IBM, 지멘스, 오라클, 보쉬 등으로 모두 적극적으로 개발 및 투자를 하고 있습니다.

실제 GE는 자사 제품 약 66만 개를 디지털 트윈으로 구현해 약 1조 2천억 원에 달하는 비용을 절감했습니다. 엔비디아의 젠슨 황 CEO는 기후 위기에 대처하기 위해서 디지털 트윈 지구를 개발하고 있다고 밝혔으며, 아마존은 생산라인을 가상환경에 구현하는 트윈 메이커와 차량 데이터를 실시간에 가깝게 클라우드로 수집, 변환, 전달하는 플릿 와이즈 서비스를 출시했습니다.

삼성은 전자관계사인 SDS에서 인공지능형 제조 플랫폼인 넥스플랜트Nexplant를 선보였습니다. 이 플랫폼을 통해 기업은 설계, 개발, 생산, 품질관리, 운영, 협력을 포함한 제조 프로세스 전반을 포괄적으로 관리할 수 있습니다.

넥스플랜트는 삼성전자 스마트 팩토리 운영과 연계하여 더욱 효율성을 기할 수 있을 것으로 생각됩니다. 이 플랫폼의 장점은 인공지능, 사물인터넷 등 다양한 혁신기술에 삼성 SDS가 쌓아온 경험과 전문성이 결합되어 데이터를 유연하게 연결, 제어 및 분석할 수 있다는 것입니다. 즉, 반도체 외에 휴대폰, 자동차 분야 등과도 확대 연계가 가능할 것으로 보입니다.

참고 문헌 및 자료

《Smart Factory》 Michael Deng Colin Koh & Colin Koh

《Building Industrial Digital Twins》 Shyam Varan Nath외, Packt Publishing

《4차 산업혁명의 스마트 팩토리》 조현성 & 박남섭, 진샘미디어

《디지털 트윈》 김진광, 광문각

그외 삼성반도체 뉴스룸 중 스마트팩토리 관련 자료 / 매뉴팩처링 테크 콘퍼런스 2019 등

05

C
: 급속하게 진화 중인 바이오와 개인 건강관리

연결의 순간 C

● Clinic ●

위드 코로나 시대에는 사전예방의 중요성 부각,
디지털 헬스 서비스와 함께 디지털 치료제의 등장

팬데믹 이후 확대 중인 디지털 헬스 서비스

혁신 조직에서는 4개의 헬스 센서를 통한 사전예방 차원의 기술혁신에 주안
점을 두고 혁신과제를 진행한 바 있습니다. 실제로 코로나 19 이후로 헬스는 다
양한 서비스를 요구하게 되었습니다. 특히 두드러진 것은 대면 진료가 원격 진
료로 확대된 것입니다. 또한 스마트폰과 웨어러블 기기를 통한 디지털 헬스 서
비스가 더욱 성장할 것으로 보입니다.

헬스케어 서비스는 텔레 헬스Tele-Health, e-헬스e-Health, u-헬스u-Health, 스마트 헬스Smart Health로 변화했습니다. 단순 건강관리 및 보조 수단을 넘어 질병 모니터링 등으로 고도화되는 경향을 보이고 있습니다. 운동, 피트니스, 다이어트, 영양에 대한 적용 및 특정 질병, 의료 기관보험 관련 활용이 점차 확대되는 추세입니다. 향후에는 정보통신 기술의 발전으로 예방 및 진료 서비스가 더욱 확대될 것입니다.

글로벌 기업들 중에서 마이크로소프트는 인공지능 의료기록 기술 업체인 뉴앙스Nuance를 인수했고, 아마존, 구글도 인공지능AI을 통한 원격진료 서비스를 자체 서버나 클라우드 스토리지 등을 통해 디지털 헬스 서비스로 확장하고 있습니다.

삼성전자는 갤럭시 스마트폰과 갤럭시 워치 등 모바일 하드웨어 경쟁력 통해 디지털 헬스를 결합하는 플랫폼 개발을 계획하고 있습니다. 갤럭시 워치4는 무체혈 혈당 측정 기능을 지원하고 있고, 이미 미국 식약품 안전처 허가를 받아 혈압 및 심전도ECG를 측정할 수도 있습니다.

아울러, 삼성전자는 글로벌 원격 의료 및 디지털 헬스 분야에도 투자를 확대하고 있습니다. 인도네시아 알도독터Alodokter, 인공지능 의료진단 업체 독일 에이다헬스Ada Health, 질병 관련 모니터링 플랫폼 업체 영국 휴마Huma, 여성전용 의료 플랫폼 미국 알파메디컬Alpha Medical에 투자하는 등 스타트업과 협업을 통한 디지털 헬스 서비스 생태계 구축을 강화하는 중입니다.

혈압과 심전도 측정이 가능한 갤럭시 워치3 출처 : 삼성 뉴스룸

2023년 1월 샌프란시스코에서 열린 제이피모건 헬스케어 콘퍼런스JP Morgan
Annual Healthcare에서도 디지털 헬스 서비스는 계속 논의되었습니다.

이 분야는 기술 및 서비스 혁신을 위해서 시간이 더 필요하여 지속적으로 모
니터링하고 사업적 기회를 봐야 합니다. 혁신 조직에서는 디지털 헬스와 관련
해 약 6년여 시간을 통해 기술혁신, 투자, 파트너 협력해 왔습니다. 같이 근무했
던 동료들도 현재 독일의 바이엘Bayer Pharmaceuticals, 디지털 헬스 파마Digital Health
Pharma 컨설팅 등 다양한 곳에서 이 분야의 기술적 혁신 및 전략과 관련된 일을
하고 있습니다.

4차 혁명의 데이터 시대가 만든 새로운 시장, 디지털 치료제

디지털 치료제DTx, Digital Therapeutics는 2020년 라스베이거스 가전 쇼에서 5대 키워드 중 하나로 세상에 등장했습니다. '디지털 기술과 제약산업이 융합된 소프트웨어 의료기기'를 뜻하는데, 소프트웨어로써 의료와 헬스케어에 스마트폰 웨어러블, 인공지능AI 가상현실VR 등 디지털기술이 융합되어 환자를 치료하는 것입니다.

미국 페어테라퓨틱스가 만든 2017년 리셋reset은 알코올, 약물 중독 치료에 사용하는 12주 프로그램으로 중독 완화 효과를 과학적으로 입증함으로써 FDA의 승인을 받았습니다. 2020년 솜리스트SOMRYST의 불면증 치료제 또한 FDA 승인을 받았고, 아킬리 인터랙티브Akili Interactive가 개발한 인데버Rx는 ADHD 치료용 게임으로 2021년 FDA 허가된 게임ADHD의 다양한 증상 치료 프로그램입니다.

미국 디지털 의료기관Digital Medicine Society은 디지털 치료 기기를 '의학적 질환 등의 예방, 관리, 치료를 증거를 바탕으로 치료에 개입하는 디지털 제품'으로 정의했습니다. 질병 치료 목적으로 개발된 앱, 게임, 가상현실 등 디지털 소프트웨어를 의미하는 것으로, 외양은 소프트웨어지만 사용 목적이 질병 치료이므로 미국 식품의약국FDA 등 국가별 규제기관의 허가를 받아야 제품을 출시할 수 있습니다.

디지털 헬스 투자의 50%를 디지털 치료제가 차지

2021년 디지털 헬스에 투자된 291억 달러의 엄청난 자금 중에서 디지털 치료제가 전체의 50% 이상을 차지하고 있습니다. 이러한 기술 기반 임상 서비스는 당뇨뿐만 아니라 폐질환, 여성 건강, 만성골격계 통증, 약물 남용 장애우울증, 불안, PTSD를 포함한 기타 징후의 치료에 혁명을 일으키는 중입니다. 제 생각에도 팬데믹 기간 동안 질병을 경험한 사람이라면 누구나 이 서비스를 기대할 것으로 보입니다.

디지털 치료제는 건강상태 진찰, 의학적 장애나 질병의 관리 및 예방, 복약 최적화, 의학적 질병 및 장애 치료로 구분합니다. 개발비용이 적고, 임상 전 단계가 없는 등 유리한 점이 있습니다. 또한 데이터를 통한 환자의 사전예방차원 관리가 가능합니다.

애플, 아마존, 삼성전자 등이 디지털 기술을 통해 치료 방식을 효율화하고 예방과 진단, 사후관리 등 서비스까지 제공하게 되는 시점이 되면 디지털 헬스케어 발전은 더욱 가속화될 것입니다.

삼성은 삼성병원 디지털 연구센터에서 디지털 치료제 등 신약기기 개발의 본격화를 계획하고 있습니다. 2021년 디지털 치료제 연구중심병원으로 선정되어 2029년까지 연구비 총 340억 원을 투입하여 학교, 병원, 연구소와 공동연구 협력하여 세계를 선도할 제품을 선보인다는 계획입니다.

최근 스타트업 기업들로는 힌지 헬스Hinge Health, 피어Pear Therapeutics, 오마다 헬스Omada Health, 마인드메이즈MindMaze, 림빅스Limbix, 민둘라Mindoula 등이 있는데, 지속적으로 이 분야의 개발이 활발하게 진행되고 있습니다.

참고 문헌 및 자료

《Healthcare Digital Transformation》 Edward W. Marx 외, Productivity Press

《디지털 헬스케어: 의료의 미래》 최윤섭, 클라우드나인

《디지털 헬스케어는 어떻게 비지니스가 되는가》 김치원, 클라우드나인

《디지털 치료제 혁명: 제 3의 신약 디지털 치료제의 모든 것》 하성욱 외, 클라우드나인

《디지털 치료제: 따뜻한 첨단 치료제가 온다》 김선현, 포르체

〈디지털 치료제의 현황 분석과 발전 방향〉 ETRI Insight, 한국전자통신연구원

그외 삼성 뉴스룸 등

미래에 선제적으로 대비하기 위한 힌트

지난 10년 간 뛰어왔던 혁신 조직ssic은 변화의 시기를 맞았습니다. 지금까지가 반도체 혁신플랫폼 전략 기반의 전략과 벤처 투자를 통한 혁신의 결과를 만들어 내는 과정이었다면, 이제는 미래 성장을 위해 구체화하는 과정이 남아있습니다.

글로벌 1위 기업은 미래의 새로운 청사진을 만들고, 파트너들과 함께 새로운 생태계를 만들어 인류사회에 기여해야 하는 책임이 있습니다. 이를 위해 삼성전자의 혁신 조직은 새로운 기술혁신의 변화를 센싱하고 투자 전문성을 강화하여 변화를 시도할 때가 되었다 생각하고 있습니다.

'SSIC'라는 조직명을 차용하여 미래 게임체인저 10가지 키워드를 언급한 중 삼성전자가 진행하고 있는 것도 있을 수 있으나, 그보다는 미래 준비차원에서 해야 할 것에 대해 정리하는 데 더 의의를 두었습니다. 그렇기에 회사 차원의 사업 내용보다는 경험과 전문가들 의견을 토대로 했습니다.

저와 함께 혁신 조직에서 일했던 많은 전문가가 여러 분야에서 활동 중입니다. 저는 그들과 지속적으로 관계를 갖고 미래에 키워드가 되는 것을 찾고 학습하면서 새로운 '혁신 가교자Navigator' 역할로 활동할 계획입니다

한국에서 출판을 한 후에 영문판으로 출판할 계획인데, 그동안 같이 함께해 온 글로벌 혁신 동료들과도 공유하려 합니다.

PART   04

혁신을 멈추지
않기 위하여

—

인내와 끈기의 순간

혁신 내비게이터의 할 일은
변화의 엔진을 꺼뜨리지 않는 것.
그러기 위해 걸어온 인내의 순간과
앞으로 요구되는 끈기에 관하여

01

최고의 기술에
개방형 혁신의 뿌리를 접목하다

인내의 순간 ①

99.9999% 순도 문화와 20~30%의 가능성이 만나려면,
반도체 최고의 순도 관리 정신을
업으로 하는 조직 내에서
개방형 혁신을 이해하는 것이 중요

삼성전자는 혁신을 지속해왔습니다. 그중에서도 특히 반도체 조직은 업종의
특성상 선행 기술을 통해서 경쟁자와 치열하게 생존 싸움을 하고 있습니다. 설
계, 공정, 생산, 조립Packaging 등 기술 기반 산업을 통하여 최고의 기술을 만들어
내야 하는 것입니다.

반도체의 목표는 한 마디로 '무결점'이라 할 수 있습니다. 반도체 제품을 만들
기 위해서는 600여 개, 45일 공정 후 제품의 수율 95% 이상을 확보해야 합니다.
반도체 수율은 웨이퍼 한 장에 설계된 칩의 최대 개수 대비 생산된 칩들 중 정
상작동하는 칩의 개수를 백분율로 나타낸 것으로, 불량률의 반대 개념입니다.

즉, 투입한 수에 대비하여 제조되어 나온 완성 제품의 비율을 수율Yield이라고 할 수 있는데, 수율이 높을수록 생산성이 향상됨을 의미합니다. 따라서 반도체 산업에서는 수율을 높이는 것이 중요합니다.

반도체는 칩을 만들기 위한 웨이퍼 재료에서 시작됩니다. 그래서 재료의 순도가 중요합니다. 기본 재료인 웨이퍼는 초순도 99.9999% 상태여야 하며, 이는 높은 순도의 단결정 규소Si봉을 성장시키는 과정을 통해 만들어집니다. 이 고순도의 웨이퍼에 반도체 600여 개의 공정을 45일간 진행 후 완성된 칩이 나오는데, 불량 입자particle에 따라 제품 수율이 결정됩니다.

업의 특성이 이러한 까닭에, 저는 혁신 조직에서 일하기 전까지 지나칠 정도로 반도체 무결점 문화에 젖어 있었습니다.

반도체 문화에 실리콘밸리 혁신 문화 접목

한 번은 혁신 조직의 스타트업 투자 성공률과 관련하여 본사 경영진과 회의하는 과정에서 나온 다음과 같은 이야기가 나왔습니다.

"벤처 투자의 성공률 목표는 어떻게 생각하고 있나요?"

"20~30%면 높은 성공률입니다."

"음, 삼성전자는 90% 이상이어야 합니다."

이런 생각을 기본으로 가지고 있는 본사 경영진에게 실리콘밸리의 혁신 조직에서 하는 일은 가능성에 투자하는 것이며, 혁신 과정은 연구소에서 시제품을 개발하는 것과 같은 것이며 반도체 업과는 다른 공식을 가지고 있음을 이해시키기란 쉽지만은 않았습니다. 생산 공정 등 사업에 직접 연결되는 단계에서의 성과를 기대하는 듯, 혁신 조직의 성과를 생각하는 것은 무리가 있습니다. 그럼에도 투자 성과로 바로 연결되지 않으면 최소한 사업부 개발에라도 도움이 되어야 한다는 것이 본사 경영진의 생각이었습니다.

기업형 벤처캐피털cvc의 경우는 사업부 스폰서로 운영되기에 개발에 어느 정도 기여할 수 있는지가 중요한 지표가 됩니다. 가끔은 사업부 개발 부서의 기술을 아웃소싱 하는 개념으로 스타트업 투자를 합니다. 어떤 경우에는 내부 개발 In house 기술과 경쟁해서 선택되어야 하는데, 외부 기술에 대한 NIHNot Invented Here, 즉 '여기서 개발한 것이 아니다'라는 배타적 생각이 좀 강해서 외부 기술을 채택을 하기가 쉽지 않습니다. 이렇게 되면, 결국 장부상 투자손실로 처리됩니다.

저희 혁신 조직은 사업부와 관련성을 가진 투자 외 플랫폼 과제와 관련된 투자 포트폴리오를 운영했습니다. 그 결과 지난 7~8년간 투자 후 잠재 기업 상장 회수율 약 20~30%를 달성했습니다.

혁신 과제 성과지표는 스폰서(사업부)의 결정

혁신 조직 내에서 진행한 것은 총 4개의 과제였습니다. 4개 과제 모두 사업부에 이관하여 100%의 성과를 달성했습니다. 사업부와 관련성이 있으면서, 혁신 목표를 현 사업부 과제와는 차별화한다는 전략 덕분에 이런 결과를 낼 수 있었습니다.

2개 과제는 사업부에 이관되어 지속 연구개발이 되고 있지만, 2개 과제는 이관 후 사업부에서 시기적으로 단기간에 리소스를 투입하여 사업할 상황이 아니었고, 현 사업의 제품과 비교 시 수익성이 높지 않아 중단을 결정했습니다.

그럼에도 향후 혁신과제를 다시 할 기회가 되면, 그동안 개발한 기술의 IP 지식재산권와 기술적 자산은 활용성이 있다고 생각합니다. 또한 글로벌 파트너, 전문가 네트워크를 형성해 두었으므로 언제든지 연결이 가능합니다. 그런 점에서 이는 미래 준비를 위해 큰 의미가 있습니다.

내부 개발팀 vs. 외부 독립 개발팀

미래의 새로운 사업과 기술 확보를 위해서는 기존의 회사 내부에서 팀을 꾸리는 형태Organic보다 외부에서 팀을 만들어 개발하는 형태Inorganic가 더 많아 질 것입니다. 소규모의 특별팀Skunk works을 통해서 글로벌 전문가로부터 아이디어를 찾고, 이후 개발 부서와 공동으로 일정 기간 시제품을 제작하는 것이 좋을 것입니다. 이는 새로운 일을 하는 데 있어서 단기간에 빠르게 진행하여 결과를 확인하기 좋은 방법입니다.

혁신 조직에서 혁신플랫폼 과제를 추진할 때에는 글로벌 전문가 중심으로 진행합니다. 본격적으로 사업부에서 일을 맡기에 앞서, 혁신 조직 내에서 시험적으로 시도해 보기에 유리하기 때문입니다. 이런 이유로 외부 독립 개발팀을 통해서 추진하는 사례가 많아지고 있습니다.

02

자회사 설립,
청산 그리고 유지

인내의 순간 **2**

조직 분사, 자회사 설립, 편입 운영으로 이어지는 과정에서
가장 중요한 것은 소통,
특히 임직원들과 소통은 필수다

부족 역량 강화 vs. 성숙 시장 생존

실리콘밸리에서 혁신플랫폼 과제를 추진하다 보니, 진행 중에는 어려움을 겪었으나 결론적으로 배운 점이 많습니다. 여기서는 한 가지 사례를 들어 설명할까 합니다. 다소 전문적인 내용이므로, '이런 일이 있었다' 정도로 읽어주셔도 좋겠습니다.

'스토리지 시스템' 과제는 혁신조직에서 첫 번째로 추진했던 일입니다. 분사Spin-out, 자회사 설립, 청산, 그리고 편입Spin-in 등 과정을 진행했습니다. 당시 삼성

전자는 기업 인수를 통해서 확보한 차세대 연구팀을 미국 개발팀 내에 운영하고 있었습니다. 이는 사업부와 직접 연결된 과제로써, 혁신 조직은 반도체 칩보다는 시스템 차원의 연구를 하는 것을 목표로 다양한 실험을 통해 부족한 역량을 확보하고, 시험적으로 여러 가지 일을 추진해 보는 경험을 쌓았습니다.

혁신플랫폼 과제를 진행하면서 사업부와 협력을 통해 상호 시너지 효과를 만들어 갔지만, 개발 과정에서는 독립적인 회사로 필요 자금을 확보해야 하는 상황이 되었습니다. 고객을 확보하여 소규모의 매출이 발생할 수 있는 발판은 만들었으나 벤처캐피털을 통해 펀딩 받고, 기업 상장을 진행하는 데에는 많은 어려움이 있었습니다. 실리콘밸리에서는 이미 스토리지 시스템을 개발하는 기업들과 스타트업들이 치열한 경쟁을 벌이고 있었기 때문입니다. 다시 말해, 사업부와 협력 기회를 찾는 것은 가능했으나, 기존 업체와 경쟁하면서 자회사 현금흐름을 안정적으로 가져가기에는 난관이 존재했습니다. 이로 인해 외부 별도 개발팀Inorganic의 독립적 생존의 한계를 절감했습니다.

미국 내 독립 자회사 설립 결정 및 운영 효과

그리하여 삼성전자 경영위원회를 통해 미국에 자회사 설립을 결정하게 되었습니다. 회사 설립 전, 고객사들로부터 '반도체 기업이 이제 시스템 사업까지 하는 것인지'에 대한 오해를 사기도 했으나, 궁극적으로는 고객에게 최적의 제품을 만들어 제공하기 위한 혁신으로 이해되어 문제없이 추진할 수 있었고, 초기 자본금은 해당 사업부에서 지원하기로 했습니다.

반도체 메모리 사업부가 스폰서가 되어 자회사를 운영하게 되었습니다. 직원들은 미래 비전을 공유하며 최선을 다했고, 우리는 스타트업처럼 스톡 옵션을 주는 인사 시스템을 도입하게 되었습니다. 초기 개발은 순조롭게 진행되었고, 미국 내 세무신고 과정에서 환급 혜택 등을 통해 자금 운영 면에서도 도움을 받을 수 있었습니다.

스텔레스Stellus사 보드 멤버Board Member 구성과 신속한 의사결정을 위하여 혁신 사장, 자회사 CEO, 본사 개발팀장, 운영 팀장인 제가 보드 멤버가 되어 주요한 현안 사항에 대해 빠르게 결정하여 제품개발 및 사업화가 안정적으로 추진될 수 있었습니다. 변호사와 관리담당자 서기Secretary, 외부 감사로써 제이피 모건JP Morgan도 참여하여 법적 문제 및 세금과 관련하여 안정적인 지원을 해주었습니다.

회사 경영관리 시스템은 미국 내에서도 삼성전자 G-ERP글로벌 지원관리 시스템을 통해야 하는 구성요소가 많다 보니, 자회사의 독립적인 운영 면에서는 비효율적이었습니다. 이에 자회사 효율화를 위하여 본사 경영지원실장으로부터 외부 시스템을 통해 용역계약을 체결하는 것을 승인받아 효과적인 운영할 수 있었습니다. 이처럼 회사의 규모 및 미션에 맞는 시스템 운용이 중요합니다.

스폰서의 큰 결정

반도체는 글로벌 1등 기업으로서 전문성과 혁신도전성이 동시에 존재하는 조직입니다. 사업부는 현 사업의 경쟁력 확보도 중요하지만, 미래 투자 측면 또한 소홀히 할 수 없다고 보고 공동개발, 추가 펀딩 등 주요한 의사결정에 대해 빠르게 처리해 주었습니다.

일례로, 스텔러스가 생존을 위한 자금을 외부에서 확보를 해야 하는 어려운 상황에 처하게 되었을 때, 사업부는 기술적인 성과를 같이 만들어 주었고, 지속적으로 시스템 역량 확보가 필요하리라 판단했습니다. 5~6년여의 기간 동안 혁신플랫폼 과제로 시작하여 분사Spin-out, 독립 자회사, 편입Spin-In 과정을 통해서 외부 개발팀Inorganic으로 운영되었습니다. 이후 회사 형태는 변화가 있었으나, 주요한 핵심 기술자산IP, 개발자이 유지된 데 큰 의미가 있습니다. 이는 스폰서사업부 책임자의 큰 결정이 있었기에 가능한 일이었습니다.

03

스타트업 투자 정리 과정에서 필요한 기업의 신뢰

인내의 순간 ③

초기 단계 투자 후,
공동 투자자, 스타트업 CEO와 협력을 통한
청산 준비 과정의 실재

2016년 SCF Samsung Catalyst Fund를 통해서 혁신플랫폼 과제 및 반도체 사업부 관련 핵심기술 확보에 주력하고 투자를 했습니다. 지난 6년 동안 50~60여 개의 스타트업에 투자하며 그중 혁신 과제와 관련된 부분은 사업부에 이관했고, 과제 목표의 변경 등의 이유로 조직은 청산Exit했습니다. 그리고 반도체 사업부와 관련된 투자, 스토리지 시스템 이외 사물인터넷, 자율주행차, 디지털 헬스와 관련된 일부는 정리를 해야 했습니다.

벤처 투자는 삼성전자가 독립적으로 하는 경우도 있지만, 공동 투자자와 함께 투자하는 경우가 일반적입니다. 시리즈Series A, B, C, D 등 기술 성숙도에 따라 투자 단계가 구분되는 데, 초기 기술 시리즈 A단계가 아닌 어느 정도 성숙기술에 대한 공동 투자가 많습니다. 이에, 이미 투자한 기업을 청산해야 하는 경우 공동 투자자 및 스타트업 CEO와 충분한 협의가 있어야 합니다.

실리콘밸리 벤처 캐피털VC의 역할은 투자만 하는 데서 끝나지 않습니다. 기업이 성공할 수 있도록 멘토 역할을 통해 다각도로 여러 방법을 찾아 줍니다. 결과적으로는 이를 통해서 투자 성공률을 더 높여가는 것입니다. 이 점을 잊지 않아야 합니다.

청산 과정을 살펴보겠습니다. 우선은 공동 투자자, 또는 스타트업 CEO가 투자 지분을 매입하는 경우에 대해서 협의하고, 진행이 안 되었을 경우 제 2의 시장Secondary Market에 매각하기도 합니다. 기본적으로 5~6개월 정도의 시간이 필요하고, 투자 기업에 대한 변동사항은 관련 기관에 신고 등 과정을 진행해야 하는 사항으로 주의를 기울여야 합니다. 회사의 전략적인 목적에 따라 청산하더라도, 기업의 신뢰 차원에서 향후 방법을 찾아주곤 하는데 그 과정이 쉽지는 않습니다.

사업 관련성(현재기준 1~2년 전략)
vs. 미래 준비(3년 이후의 로드맵 전략)

반도체 업은 그 특성상 3~4년 후를 보고 시설_{신규 공장} 투자를 하는데, 기술도 제품에 따라서 개발 일정_{Milestone}이 1~2년 소요되는 데 따른 전략이 필요합니다. 혁신은 사업의 연속성 측면보다는 변혁을 만들어 내는 것_{Game changer}을 찾아야 하므로 불확실성 속에서 3년 이상의 로드맵을 만들고, 내부 자원보다는 외부 파트너십 등 외부 자원을 활용하여 위험 회피_{Risk Hedge}를 위한 전략적 투자가 필요함을 인식해야 합니다.

사업부 관련 70% vs. 혁신 업무 30%

지난 6년여간 투자를 통해 쌓은 전문가 및 전문 벤처캐피털과의 네트워크를 통해 사업부 전략 및 외부 전문가 투자 등 전문성을 갖추었습니다. 특히 미래 비전은 반도체 최고책임자 및 위원회를 구성하여 결정을 추진하는 것으로 프로세스를 만들어 진행했습니다.

투자 결정 시에는 시장성, 경쟁성, 수익성, 기술성, 인력 구성, 지분율 등을 기준으로, 각 요인에 대한 충족 요건을 봅니다. 투자 심의위원회 구성은 최고경영진, 경영지원실장_{CFO}, 혁신 리더_{사장}, 펀드 운영자 + 전략기획팀장, 사업부 관련자_{기획 또는 개발 : 옵션}가 합니다.

투자 기업에 대한 청산 결정도 심의위원회를 통해서 결정하는데, 향후 미래 투자에 대한 가능성을 고려하여 투자 시와 유사하게 '멘토' 역할을 함으로써 기업 간 신뢰를 쌓아야 합니다.

성과 측정을 위해서는 IRRInternal Rate Ruturn, 내부수익률, 멀티플Multiple, 가치평가 배수, PMEPublic Market Equivalent, 상장시장등가법 등이 사용됩니다. 다만, 스타트업의 특성 및 투자 목적에 따라서 성과 측정이 달라질 수 있습니다.

한편, 청산 시에는 제2시장Secondary Market에서 할인가율Discount Rate 협상 등을 진행할 전문가가 필요합니다.

청산 프로세스

- 해당 기업에 통보
- 스타트업 CEO가 지분 인수 가능성 사전 협의
- 공동투자자에 지분 매각
- 제2시장Secondary Market에 지분 매각
- 지분 매각이 안 되면 소각 처리
- 전체 소요되는 시간은 5~6개월 정도 고려

  이때 투자 담당자의 많은 시간이 필요함

스타트업에 투자한 후, 이를 정리할 경우 투자자 및 스타트업 CEO가 의사결정에 협의해야 합니다. 실제 매각 프로세스는 5~6개월이 걸리며, 내부 의사결정까지 포함해서 약 8개월 정도의 시간을 갖고 정리 프로세스를 진행해야 합니다. 실제로 이 과정을 통해서 스타트업 CEO가 100% 지분을 가져 가기도 했고, 정리하는 과정에서도 제2시장에서 일정 지분을 매각할 수 있었습니다. 투자 펀드 책임자와 많은 시간을 본사와 협의하는 데 시간을 보냈는데, 결국 '기업의 신뢰'를 유지하기 위한 소중한 시간이었습니다.

전문분야가 아닌 곳에 투자할 경우

참고로 신사업 등 전문분야가 아닌 기업에 투자하려면, 전문 벤처캐피털VC을 통한 투자FoF 방식이 안정적입니다. FoFFunds of Fund 투자는 산업, 금융계에 분산되어 있는 자본의 출자를 통해 대규모 모표펀드를 조성, 관리하여 규모의 경제를 실현하고, 투자펀드에 자금을 배분하여 기업의 성장을 지원하는 개념입니다. 하지만 혁신펀드는 조금 다른 개념으로, 전문 벤처캐피털에 일정 금액을 펀드로 조성하여 운영합니다.

이렇듯이 펀드를 다르게 조성하는 이유는 글로벌 국가별, 산업별 특이성을 계속 모니터링 하기가 쉽지 않기 때문입니다. 전문성과 함께 네트워크 통한 강점을 활용하여 전략적으로 접근해야 합니다.

이를 위해서는 미국, 이스라엘, 영국, 프랑스, 독일, 중국 등으로 확대해 나가고 국가별 산업의 특성 및 전문성을 고려한 투자가 되어야 합니다. 또한 현지 전문 벤처캐피털을 통하여 투자하는 방식이 안정적인 투자 및 성과를 제고하기에 적합하리라 판단됩니다.

아울러, 투자 청산Exit에 대한 전문성을 공유하여 기업 위험 요소를 최소화해야 합니다.

04

글로벌 거점 확대 후
전략적 협력을 통한 위기 관리

인내의 순간 **4**

유럽 진출 후 조직 철수하는 경우
현지 노동전문 기관과 협업(컨설팅)해야

혁신 활동을 위한 글로벌 시장 확대를 위해서 유럽 내 프랑스, 독일, 영국 등 거점을 확보했다면 이후 정리할 때에는 청산Exit 프로세스에 관한 준비가 잘 되어야 합니다.

유럽의 오랜 노동법 변화 과정 속에서, 프랑스에 투자한 기업 사례를 소개하고, (소규모이기는 하나) 운영 후 청산 과정을 정리해 보았습니다. 참고로, 본 내용은 노동법 자체를 분석하거나 그에 관한 시사점을 도출하는 목적이 아니며, 혁신 조직에서 소규모 진출을 시도하는 과정에서 학습을 하게 된 사항 대해 공유를 드리는 점으로 이해 바랍니다.

유럽 노동법 위험 요인 불구, 인공지능 혁신 센터 설립

삼성전자의 해외 판매법인들이 유럽 내 큰 도시들에 진출하여 있습니다. 연구개발 및 혁신 기능 조직은 많지 않지만, 인공지능과 관련해서 글로벌 5개국에 진출했습니다. 그중에서도 유럽에 영국, 러시아 등 국가에 이 분야의 최고의 전문가를 영입하여 연구개발을 하고 있습니다.

혁신 조직은 미국 실리콘밸리에서 혁신플랫폼 과제를 위한 소프트웨어 인력 등을 채용하고, 유럽 등에서도 이 분야 전문가 채용을 동시에 추진했습니다. 특히 프랑스에 우수한 수학자들이 많아서 소프트웨어 인력들을 채용하여 과제 개발을 했습니다.

과거 비메모리 사업 분야의 기업을 인수했다가, 나중에 기업철수 과정에서 프랑스 현지 노동법 이슈로 인해 어려운 경험이 있었기에 프랑스 진출 결정은 쉽지 않았습니다. 혁신 조직 또한 작은 규모이지만 현지 진출에 대해 굉장히 조심스러운 분위기였습니다.

이런 상황에서, 프랑스 정부가 삼성전자 혁신 센터의 인공지능 센터 설립에 대해 큰 관심을 보이며 인력 채용을 통한 적극적 지원을 약속하기도 하여 파리 내 인공지능 혁신 센터를 설립했습니다. 우수 인력을 채용, 개발하는 과정은 문제없이 잘 진행되었습니다.

그런데 혁신플랫폼 과제인 자율주행차 관련 과제의 도입 시기 조정으로 인해 현지 센터를 청산해야 하는 상황이 되었습니다. 프랑스 정부가 혁신 센터 역할 및 지속적인 조직 확대를 기대하고 있는 상황에서 회사의 전략상 변화로 인한 불가피한 결정을 진행하기까지, 많은 고민과 전략이 필요했습니다.

현지 임직원 재취업 지원, 현지 정부 및 노동청 대응

혁신 조직 사장, 그리고 팀 리더들은 프랑스 내 철수 결정에 따라 빠르게 비상 대응 체제를 구축했습니다. 우선, 임직원에 대한 설명회를 먼저 가졌습니다. 혁신 조직 기업형 벤처캐피털CVC 펀드를 통해서 투자 기업이 프랑스 내에 진출해 있었기에, 투자 기업 최고경영진과 기술 책임자에게 혁신 조직 인력 정보를 공유하고 채용 의사를 물어보면서, 삼성전자 프랑스 법인으로의 취업 가능성에 대해서도 협의하는 등 혁신 경영진들은 임직원 재취업을 위해 최선을 다해 바쁘게 뛰어다녔습니다. 현지 인사 담당자Jeffrey, Gregory의 전문성 및 외부 컨설팅과 공동 대응하며 본사 인사 경영진과 미국 인사 임원이 빠르게 대응책을 협의했는데, 프랑스 현지 전문가를 통한 지원이 큰 도움이 되었습니다.

프랑스 정부 및 노동청에 서류를 제출하고, 직접 방문하여 철수 배경에 대해서 설명했고, 프로세스에 따라 진행했습니다. 그럼에도 임직원 재취업이 가장 큰 일 중 하나였습니다. 여기저기 알아보고 부탁하던 중 혁신 조직에서 투자한 기업에서 '프랑스 혁신 엔지니어 인력 전원을 채용'하겠다는 연락을 받았습니다. 이 소식을 듣는 순간, 지난 몇 개월 동안 밤잠을 설쳐가면서 본사 경영진에게 매일같이 보고를 써야 했고, 매 순간 마음 졸이며 인력 재취업 걱정에 조마조마했던 날들이 새삼 떠오름과 동시에 감사와 안도가 한꺼번에 밀려왔습니다.

여하튼 처음에는 답도 없던 상황에서, 현지 철수 결정 후 혁신 조직 내 경영진들의 발 빠른 움직임과 본사 및 현지 관련부서 도움으로 시간이 많이 걸리는 일인데도 불구하고 잘 해결이 되었습니다.

유럽 현지 전문기관과 협력

최근 유럽 시장을 겨냥한 사업을 펼치며, 이와 관련된 연구개발을 하는 해외 기업이 늘어나고 있습니다. 누구나 해외사업을 하는 데 있어서 현지 법을 잘 이해를 해야 한다는 것을 인지하고 있지만, 실제로 현지 네트워크가 많지 않아서 고생하는 경우가 있습니다. 이번 프랑스 혁신팀을 철수하는 과정에서 배운 것이지만, 현지 인사 전문가를 잘 채용해야 합니다. 그리고 그 전문가를 통해서 정부 및 노동청과 오랫동안 일해온 전문 컨설팅 회사를 잘 찾아야 합니다.

무엇보다 중요한 것은 우수한 인력들의 채용도 중요 하지만, 사업적 이유로 철수 등 변경상황이 발생했을 때 재취업할 수 있게 해 줄 방법을 갖춰야 한다는 것입니다. 물론 어려운 일이지만, 현지 산업을 잘 이해하며 오랜 사업적 네트워크가 있으면 크게 도움이 됩니다.

05

혁신의 핵심은
우수한 인력 채용 그리고 유지

인내의 순간 ⑤

지난 10여 년의 혁신 조직의 변화 속에서,
가장 중요한 자산은 '사람'

2015년에 미국 주재원으로 나와서 연구개발 및 혁신 조직 운영팀장으로 일하며 힘들었던 일 중 하나를 꼽으라고 하면 현지 인력들의 회사 만족도 결과였습니다. 본사에서는 임직원 업무 만족도 평가 시스템인 GWPGreat Work Place를 통해서 업무 만족도 항목에 직원 의견을 반영하여 잘 관리되고 있었습니다. 물론 실리콘밸리에 있는 삼성전자 반도체 현지 법인에도 본사와 같은 인사 시스템이 구축되어 있지만, 현지 직원들 사이에서는 외부 업체인 '글라스도어 닷 컴' 시스템의 기업 만족도 평가가 취업 시 중요한 지표가 됩니다.

두 가지의 차이는 명확합니다. 본사 시스템은 내부 직원들을 대상으로 평가하지만, 외부 시스템은 퇴직하는 직원들의 의견까지 반영하고 있습니다. 그렇다 보니 좀 더 부정적인 의견이 많지만, 그래도 그 내용 중에 개선해야 할 좋은 의견들이 있어 반영하고 있습니다. 특히 회사의 비전 공유, 리더십, 업무 환경, 일에 대한 만족도 등 다양한 항목을 추가하여 퇴직 사유에 대한 내용을 잘 분석해야 합니다.

5점 만점에 2점 수준에서 3.8점으로

본사에 있을 때는 기획팀에서 근무했었기에 인사 시스템을 잘 몰랐습니다. 하지만 실리콘밸리에 와서 인사 담당자Harrison, Brian와 연구개발, 혁신 조직, 그리고 운영팀 조직에 대한 업무 목표, 평가, 승진 등을 위해서 수시로 면담하다 보니 인사부서의 일이 참 많다는 생각이 들었습니다. 일례로, 미국 내 삼성전자의 인사부서에는 '비즈니스 파트너Business Partners'라는 역할이 있는데, 수시로 담당 조직에 도움을 주고, 이슈 사항을 바로 해결해 주고 있습니다.

혁신 조직의 경우, 처음에는 새로운 일에 대한 기대감이 커서 직원 만족도 점수가 평균보다는 높은 점수 결과를 보였습니다. 그러나 혁신플랫폼 과제를 사업부에 이관 시에 직원들이 불안정한 상태가 되다 보니 그에 영향을 받아 만족도가 많이 떨어졌습니다. 이에 혁신 사장과 법인 최고책임자가 회사 및 미국 법인 경영실적 및 전망, 산업 동향, 그리고 직원 축하 및 시상 등 다양한 현지 문화를 접목하여 직원들의 만족도를 많이 개선할 수 있었습니다.

그리고 현지 리더들과 인사 담당자들은 함께 오랜 시간 직원 면담을 통해 평가관련 개선점을 찾아 나갔습니다. 평가 항목 가운데 한국 본사 입장에서는 적합한 문항이지만 미국인들에게는 생소한 질문이라면, 하나하나 고쳐가면서 진행했습니다. 이처럼 제도적 보안 및 내부 직원 만족도 평가 시스템 질문사항에 대해서는 현지인 입장에서 이해되는 항목으로 변경하고 개선하기 위한 노력을 지속한 결과, 2~3년 만에 실리콘밸리에서 손꼽히는 '일하기 좋은 회사' 대열에 합류할 수 있었습니다.

한 회사에서 30년 경력
vs. 30년 동안 5~6번의 다양한 회사 경험

저는 2020년에 삼성전자 입사 30주년 장기 근속상을 받았습니다. 혁신 조직의 전체 임직원 미팅All Hands Meeting은 최근 동향, 회사 경영, 혁신 조직 내 주요 활동, 그리고 시상 순서로 운영됩니다. 이때 특별히 저의 30년 근속에 대해서 혁신 사장께서 축하와 함께 기념패를 주었습니다.

실리콘밸리에서는 한 회사에서 4~5년 정도 근무를 한 후에 경력 개발을 위해 다른 회사로 이직을 하는 경우가 일반적입니다. 이런 문화에서 삼성전자 30년 근속상이 갖는 의미에 관해 혁신 사장은 "삼성전자는 글로벌 1위 기업으로 이곳에서 30년의 의미는 큰 것이다"라고 표현해 주었습니다. 혁신 조직 인력들의 이직률Turnover Rate은 혁신플랫폼 과제 이관에 따른(즉, 미국 조직 축소 운영에 따른)

변화를 제외하고는 상대적으로 높지 않았습니다. 혁신 조직 내 전략, 투자, 운영 스텝의 업무 중요성과 지속적인 역할이 필요하다는 본사 및 현지 사장의 지원이 있었던 덕분입니다.

한편, 실리콘밸리에서는 관련 업종을 선택한 이직도 잦지만 시니어급 경력자들의 창업 또한 많습니다. 특히 기술자들은 실리콘밸리에서 새롭게 창업, 기술 멘토advisor 등 다양한 활동을 합니다. 하물며 은퇴retire 후에도 새로운 회사를 만들어 계속적으로 활동하는 경우도 있습니다.

지난 10년간 약 200여 명의 혁신 직원들과 함께한 시간은 지속되어 가리란 생각이 듭니다. '10년간 9만 시간을 함께 달려온 200여 명의 혁신 전사warriors'들이 여전히 실리콘밸리를 비롯한 세계 혁신 현장 곳곳에 포진하여 있기 때문입니다.

혁신 조직 내 골든스테이트 워리워스를 사랑하는 직원

개인적으로 2015년 미국 서부 캘리포니아 실리콘밸리 산호세에 도착한 이후 많은 사람들과 만났고, 그 가운데서 소중한 인연을 맺게 된 것은 굉장한 행운 중 하나입니다.

또 하나의 행운은 제가 미국에서 근무하는 7년 동안 같은 취미를 공유하면서 동료들과 생긴 연대감입니다. 제가 근무할 당시 오클랜드 지역 프로농구현재 샌프란시스코팀 워리어스Golden State Warriors가 2021~2022년 시즌 우승까지 총 4번을

우승했습니다. 승리의 과정을 지켜보는 기쁨도 있었지만, 결과를 동료들과 공유하면서 얻게 되는 연대감이야말로 크나큰 소득이었습니다.

미국에서 공부한 분이나 일해보신 분들은 다 아시겠지만, 미국은 스포츠의 왕국이라 할 정도로 많은 스포츠에 열광합니다. 저 또한 혁신 조직 내 같은 동료Rosalita 한 명과 서로 문자로 경기의 결과에 일희일비하면서 친하게 되었는데, 이것이 일로도 연결되어 어려울 때 서로에게 진심으로 도와주는 관계가 형성되었습니다. 이러한 동료들이 있었기에 혁신의 일이 쉽지 않았지만 미국에서 7년여 시간을 잘 지내올 수 있었습니다.

골든스테이트 워리워스팀은 유명한 선수들로 구성되어 챔피언이 된 것이 아니라, 젊은 선수들을 훈련을 통해 최고의 선수들로 키워낸 경우입니다. 혁신의 리더 스티브 커 감독을 일컬어 '8개의 우승 반지를 껴 보았지만 스타선수가 아닌 평범한 영웅이라고 합니다. 그가 만들어 낸 팀이 미국 프로농구의 가장 높은 자리에 위치하고 있습니다. 미국 내 30개의 프로농구팀들은 각각 지역을 대표해서 뜨거운 경쟁을 벌입니다. 그런데 워리워스팀은 혁신의 아이콘 실리콘밸리에 연고를 갖고 있어서 그런지, 혁신적인 팀을 구성하고 차별화된 전략을 통해서 1위 자리를 유지하고 있습니다.

혁신 조직에서 업무적으로 실리콘밸리의 여러 방식을 배운 것 외에 팀 내 동료를 통해서 혁신의 문화를 알게 된 것 또한 감사한 일입니다. 이렇듯이 혁신은 불확실한 세상에서 갑자기 대단한 일을 하는 것이 아니고 시간을 갖고, 지속적으로 더 나은 것을 발굴하고 뭔가 새로운 것을 통해서 이 세상을 편안하게 만들어가는 일입니다.

삼성전자 인력들 역시 오늘도 내일도 꾸준히 더 나은 세상을 만들기 위해 연구하고 발견하는 일을 해 나가고 있습니다.

"Go Warriors! Go SSIC!"

혁신은 진행형,
새로운 10년을 위한 혁신 마일리지

삼성전자에서 회사 생활을 시작했을 때인 1989년은 개인 컴퓨터가 없었던 시기였습니다. 손으로 직접 쓴 보고서를 전동 타자기 전문직원타이피스트을 통해서 정리하여, 상사한테 보고했던 기억이 있습니다. 그 후 정보통신 기술의 혁신으로 삶에 많은 변화와 혜택을 보게 되었습니다.

이런 이야기를 하는 것은, 변화와 혁신에 대한 말씀을 드리고자 함입니다.

30여 년간 한 직장에서 일하는 과정이 마냥 쉽지는 않았습니다. 제 아내는 제게 "당신은 매 순간 긴장하고 살았고, 그 모습을 가족이 지켜보면서 많이 안쓰러웠어요"라고 말하곤 했습니다. 하지만 제가 반도체의 업으로 시작한 것은 분명 운명적으로 행운이었다고 생각하고, 같이 일했던 좋은 동료와 선후배들과의 시간이 현재의 저를 만들어 주었다 생각합니다.

'변화하지 않고 큰 애벌레가 되면 새의 먹이가 되어버린다'고 말했던 어느 경영진의 이야기가 참 많이 와닿았습니다. 변화하기 위해서 무엇을 했을까 생각해 보니 자연스럽게 일과 관련되어 사고가 이어집니다. 예를 들면, '나의 고객이 누구인지를 분명하게 일을 해야 한다'가 있습니다. 기본적으로 조직 내 상사가 될 수 있는 데, 저는 생각을 좀 다르게 해서 다른 부서와 어떤 일에 부딪혔을 때 상사와 나는 한 팀이니 생각이 같더라도, 일이 해결되기 위해서는 담당부서의 책임자가 저의 선先고객이 된다고 여겼습니다.

큰 조직 가운데서 특히 해외 조직 관련 업무는 본사와 약간 다르게 프로세스가 복잡합니다. 그래서 많은 소통의 시간을 보냈고, 혁신 조직이 성과를 만드는데 힘을 쏟았습니다.

2013년 겨울 미국에서 현지 사장의 전화 한 통화를 받았던 기억이 납니다. 그는 "YW, Congrats on your promotion(승진을 축하합니다)" 그리고 "You deserve it(당신은 자격이 있어요)"이라고 말해주었습니다.

삼성전자 반도체는 글로벌 1위가 되기 위해서 밤낮없이 경쟁자보다 앞서기 위해 노력하여 지금의 위치에 있습니다. 그렇게 회사가 많은 성장을 이룸에 따라, 미래 준비 차원의 혁신 조직이 만들어져서 10년 간의 적지 않은 시간을 혁신에 투자했습니다. 이를 추진하는 과정에서 저 또한 한 곳에서 같은 일을 지속적으로 하는 특별한 경험을 하게 되었습니다.

사업부에서 미국에 출장 오는 경영진들과 식사하는 자리가 만들어지면 '감사하다, 미안하다'는 말을 많이 했던 기억이 있습니다. 사업부가 있기에 혁신 조직에서 하는 일에 대한 지원이 가능한 것이고, 혁신팀 동료들이 하는 일에 대해서 사업부 전문가들의 적극적인 협조가 정말 도움이 되었습니다.

혁신 업무란 것이 단기적 성과를 기대할 수 있는 종류가 아니다 보니, 본사가 기대하는 가시적인 성과에 대해 항상 조마조마한 마음으로 일을 했던 것 같습니다. 그럼에도 지금 생각해 보면, 혁신은 진행되어야만 했으며 당시에 누군가는 그 역할을 했어야 하는 것이었습니다. 그리고 앞으로도 더 스마트한 리더와 후배들이 좋은 결과를 만들어 주실 것으로 믿습니다.

이 책을 저술하겠다 생각한 것은, 2012년부터 시작된 글로벌 혁신 조직에서 혁신 리더와 동료들 Daniel Yoo 등이 만들어 간 순간의 과정들이 그냥 사라지지 않고 전달되었으면 하는 바람 때문이었습니다. 정리한 내용들에 이해를 돕기 위해 당시 혁신 활동을 담은 사진도 포함했고, 최고경영진의 혁신 철학과 혁신 리더의 실리콘밸리에서의 성공 경험을 담아 보았습니다.

대부분의 내용은 회사에서 공식적으로 언론에 공개한 자료를 중심으로 기술했으며, 일부 내용은 참고자료를 통해 정리한 점에 대해서 너른 양해를 부탁드립니다.

혁신 업무를 할 때 최고경영자께서 주신 미션은 '커뮤니케이션 브리지', 즉 소통의 가교였습니다. 그리고 미국 현지 혁신 사장은 '내비게이터 Navigator' 역할을 잘해주어 고맙다 했습니다.

글로벌 운영 팀장의 역할을 수행하며 혁신의 길을 가는 데 하나의 디딤돌 Stepstone을 놓았다는 자부심을 갖고, 저는 2023년 1월 삼성전자 자문역을 마치고, 이후에는 글로벌 혁신을 하고자 하는 분들께 도움이 되는 '혁신의 길을 찾는 소통의 가교자'로서 보답하고자 합니다.

지난 10년이 '혁신 1.0'으로 할 일과 방법에 대해서 체계를 잘 만들어 온 과정이었다면, 이제는 새로운 2.0을 준비하는 과정이라 생각합니다.

"미래는 준비하는 기간만큼의 과정"이라고 강조한 최고경영진의 철학을 믿고 걸어온 혁신 9만 시간의 마일리지를 통해서 새로운 혁신 마일리지를 만들어 가는 과정을 걷고 있습니다.

앞으로의 10년은 미래 혁신의 10대 키워드를 찾아다니면서 글로벌 전문가와 같이 협의하고, 그 길을 찾는 여정을 걸어가면서 '단절이 아닌 연속'의 혁신을 계속하려 합니다. 또 다른 자리에서 혁신 내비게이터의 마일리지를 늘려 나갈 계획입니다.

감사의 글

실리콘밸리 샌드 힐 로드에서 혁신의 길을 걸어온 지난 과정에서 많은 배움을 준 회사, 리더, 그리고 동료들에게 고맙다는 말씀을 드리고 싶습니다. 만 32년의 회사 생활을 하면서, 실리콘밸리에서 혁신 조직의 글로벌 운영팀으로 일하면서 만나온 본사의 인사, 지원, 기획팀장님들, 그리고 혁신과제 진행을 위해 애써주신 사업부 관련부문 임직원 여러분들께 감사 드립니다.

아울러, 미국에서 혁신을 이끌어 주신 Young Sohn 사장님, 혁신 조직 내 많은 혁신 리더들, Francis Ho, Shankar Chandran, Jeff Treuheft, James stanberry, Curtis sasaki, Luc Julia, Dede Goldschmidt, James Oh, Matthias Rudolph, John Absmeier, Eunsung Park, Chris byrne, Jim Ting, John Martin, George Apostol, John squire, Rutie Adar, Roberto Mauro, BS So, Sean Kae, TS Jung, Tony Kim, MK Kang, DJ Shin, YJ Lee, SSIC Korea 팀 등 많은 분들께서 삼성전자의 미래 준비에 깊은 정을 쏟아 주심에 감사를 드립니다.

그리고 혁신 조직 운영을 위해 함께 주신 전사 조직 내 경영지원실장님, 기획,

인사, 지원, 법무, 홍보 등 관련된 분들께도 감사 인사 드립니다.

삼성전자 미래를 항상 고민하시고, 가르침 주신 삼성전자의 경영진분들께 감사 드리고, 특히 반도체 부문 대표이사님께서 만들어 주신 기회, 그리고 가르침을 평생 마음에 지니고 있음에 이 자리를 빌려 감사 인사 드립니다.

10년이면 강산이 바뀐다고 합니다. 그 기간 동안 혁신의 순간들을 지켜보면서 글로벌 혁신을 위한 많은 사람들의 노력으로 세상이 변화함을 목도했습니다. 그리고 혁신을 통한 인류에 기여하고 있다는 믿음을 갖게 되었습니다.

2030년이라는 미래에는 불확실성과 다양성이 존재합니다. 그 중심에 MZ 세대의 젊은 피가 함께 하므로 세상은 빠르게 변화될 것이라 믿습니다. 그러한 변화에 참여하는 모든 분들을 응원합니다.

아울러, 미국에서 2015년부터 주재원 생활을 시작하면서 여러 가지 새로운 환경 변화로 인해 함께 고생한 가족들에게 미안함을 전합니다. 끝까지 믿음으로 응원을 해 준 아내 진숙진, 큰 자존감 주며 응원한 하지민, 어려운 상황에서 많은 해결을 해 준 작은 딸 하지혜, 묵묵하게 믿음으로 지켜봐 준 사위 강문철, 예비 사위 이정환에게 감사한 마음을 남기고 싶습니다.

미국 주재원 기간 동안 가장 슬픈 일은 장모님 박남순 님의 영면 시 같이 못한 것이고, 그 빈자리를 진종구 형님, 안영선 형님, 박문수 형님께서 지켜 주신 것에 감사 드립니다. 그리고 책 발간을 자랑스러워 해 주신 아버지 하두석, 어머니 홍매자, 형 하영재 가족의 사랑이 있어서 용기를 낼 수 있었습니다.

이번 책 출간에 예문 출판사 이주현 대표님, 김유진 편집장님이 안 계셨으면 초보 작가의 글이 이렇게 완성된 모습으로 세상에 나올 수 없음에 진심으로 감사 드립니다.

앞으로 그동안 많은 도움을 주시고, 가르침을 주신 분들께 감사의 마음을 보답하는 길은, 지난 30여 년 동안 걱정 끼쳐 드리지 않고 성실하게 살아온 한 가족의 남편, 아들, 동생, 아버지, 사위, 그리고 안드레아_{세례명}로 성실하고 더 성숙한 모습을 만들어 가는 것이라 생각하고 살아가겠습니다.

그리고 혁신을 만들어 가고자 하는 많은 분들과 함께하면서 그 분들의 성공을 응원하며, 행복해질 수 있도록 노력하겠습니다.

다시 한 번, 감사합니다.